DES

ALIÉNÉS DANS LES PRISONS

ET

DEVANT LA JUSTICE,

PAR

LE D' VINGTRINIER,

Médecin en chef des prisons de Rouen.

PARIS.
CHEZ J.-B. BAILLIÈRE,
LIBRAIRE DE L'ACADÉMIE IMPÉRIALE DE MÉDECINE,
Rue Hautefeuille, 19.
1852.

DES

ALIÉNÉS DANS LES PRISONS

ET

DEVANT LA JUSTICE.

EXTRAIT DES

ANNALES D'HYGIÈNE PUBLIQUE ET DE MÉDECINE LÉGALE, 1852, tome XLVIII. Journal rédigé par MM. Adelon, Andral, Bayard, Boudin, Brierre de Boismont, Chevallier, Devergie, Gaultier de Claubry, Guérard, Kéraudren, Leuret, Orfila, Amb. Tardieu, Trébuchet, Villermé; publié depuis 1829, tous les trois mois, par cahiers de 250 pages avec planches. — Prix de l'abonnement par année, 18 francs; *franco* pour les départements, 21 francs.

A Paris, chez J.-B. Baillière, 19, rue Hautefeuille.

DES

ALIÉNÉS DANS LES PRISONS

ET

DEVANT LA JUSTICE,

PAR

LE Dr VINGTRINIER,

Membre de l'Académie de Rouen, Médecin en chef des prisons.

(Mémoire lu devant l'Académie de Rouen.)

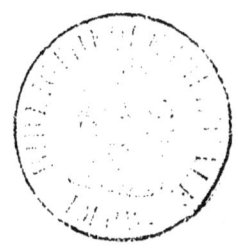

PARIS.
CHEZ J.-B. BAILLIÈRE,
LIBRAIRE DE L'ACADÉMIE NATIONALE DE MÉDECINE,
Rue Hautefeuille, 19.
1852

DES

ALIÉNÉS DANS LES PRISONS

ET

DEVANT LA JUSTICE.

Un livre aussi largement pensé que remarquablement écrit a été publié, il y a quelques mois, par un magistrat éminent de la cour d'appel d'Amiens (1).

L'auteur s'y propose de démontrer la nécessité du concours de la médecine aux décisions de la magistrature dans tous les cas où la folie peut être soupçonnée.

« Malgré de sérieux essais, dit l'honorable M. Sacase, notre littérature juridique ne possède pas encore un traité complet de psychologie légale; en d'autre termes, un livre qui contienne l'application des règles du droit civil aux désordres de la volonté.

---

(1) *De la folie considérée dans ses rapports avec la capacité civile*, par M. Sacase, conseiller à la cour d'appel d'Amiens. Paris, 1851, brochure de 134 pages. — Voyez l'analyse qui en a été faite par M. Brierre de Boismont (*Annales d'hygiène*, t. XLVI, pag. 236).

» C'est aux organes de la médecine qu'est naturellement dévolue la tâche sinon de l'écrire, du moins d'en *disposer les matériaux*.

» Les causes qui, pendant longtemps, ont pu ajourner l'alliance de la médecine et de la jurisprudence sur le terrain d'une maladie que chacune d'elles a besoin de connaître, mais que la science judiciaire ne peut s'assimiler entièrement avec les procédés qui lui sont propres, ont cessé depuis que Pinel a clos le règne de l'empirisme. Les conquêtes de la médecine mentale se sont, en effet, étendues sous l'impulsion de ce grand médecin, qui fut aussi un illustre penseur ; et la philosophie, de son côté, ne lui a pas refusé la lumière. Le moment est donc venu, pour les médecins spécialistes, d'enrichir la théorie médico-légale d'un de ces monuments qui rallient tous les suffrages en éclairant toutes les convictions. »

Je souhaite que cet appel soit entendu de mes collègues des autres maisons départementales ; j'ai la ferme confiance que de toutes ces communications réunies, de ces observations comparées, sortiraient d'amples matériaux pour la création d'un traité de *psychologie légale*.

Comme spécialiste, je serais sensible, je l'avoue, à cette reconnaissance officielle et définitive de la médecine mentale ; mais c'est surtout au point de vue de l'humanité que nous devrions nous en réjouir.

Est-il rien qui puisse la toucher plus profondément que ces questions où vont se débattre devant les tribunaux l'honneur de familles entières, en même temps que la liberté et souvent la vie de quelqu'un de leurs membres.

Quand un crime vient affliger la société, la première question qu'elle doit se poser est celle de savoir si l'individu qu'elle traîne à la barre de la justice est un misérable sur lequel doivent s'appesantir toutes les rigueurs des lois, ou un malheureux fou qui ne saurait inspirer que de la pitié.

Je soutiens qu'il y a pour l'humanité une consolation réelle à ne trouver qu'un aliéné là où elle pouvait se croire déshonorée par un scélérat ; mais il n'en faut pas vouloir moins fermement que partout où il a pu y avoir discernement dans la perpétration de l'acte criminel, le glaive de la justice atteigne le coupable.

C'est là ce qui constitue la bonne justice, la justice digne de ce nom.

Mais comment acquérir une certitude dans ces cas, heureusement rares ? Comment s'assurer qu'un criminel ne soit pas acquitté sous prétexte de folie, et qu'un fou ne soit pas condamné sous présomption de simulation ?

Les difficultés sont nombreuses :

1° Un criminel habile peut simuler la folie, quoique ce soit là un rôle bien difficile à soutenir, et un fou véritable peut paraître la simuler.

2° Il aura pu arriver qu'un accès de folie instantanée ait porté à un acte *homicide* aussi bien qu'à un acte seulement *bizarre*, et que le malheureux meurtrier ait recouvré son intelligence quelques instants après.

3° La folie pourra être encore difficilement reconnaissable lorsqu'elle sera restée circonscrite dans quelques idées folles ou même dans une seule idée *fixe irrésistible*, marchant de pair avec toutes les facultés intellectuelles demeurées *intactes*, mais dominées par cette idée qui sera devenue une véritable *possession*, un obstacle incessant à toute action des facultés réflectives qui constituent la liberté morale.

4° Il peut arriver encore que, malgré la présence d'idées fixes ou d'un certain degré de folie générale, l'accusé ait pu rester complétement capable d'exercer le *libre arbitre*, en commettant sciemment un fait répréhensible, qui ne se rattache en rien à ses idées fixes, et à l'influence qu'elles ont pu prendre, à un certain point de vue, sur la volonté.

On le voit, voilà autant de cas possibles qui ne font plus de doute en médecine pratique, et pour lesquels ce n'est pas trop des examens les plus minutieux, de l'observation de chaque jour, des recherches incessantes et de l'appréciation la plus scrupuleuse, si l'on veut prononcer en connaissance de cause et dans le calme de la conscience.

Est-ce dans le cabinet du juge d'instruction, et pendant le temps consacré à un interrogatoire, qu'il est possible de se former une conviction éclairée? Je n'hésite pas à affirmer que non.

Sera-ce alors devant le tribunal ou la cour, pendant la durée des débats? Il est évident que c'est impossible.

D'ailleurs, et c'est là un fait remarquable, tout ce qui frappe un fou réveille ses facultés réflectives jusque-là paralysées, lui impose, suspend presque toujours les signes extérieurs de sa démence, le jette dans une sorte de réserve, le concentre et le comprime. L'appareil de la justice exerce surtout sur le fou cette influence; la crainte le domine et le soumet. L'œil le plus habitué pourrait s'y tromper, et ne voir en lui qu'un coupable en proie à l'anxiété du sort qui l'attend; tandis qu'en réalité on n'a devant soi qu'un malheureux effrayé, inerte, et dépourvu de tout sentiment de ce qui se passe aussi bien que des conséquences graves dont il est menacé.

Le fou, devant la solennité de l'audience, procède quelquefois par un autre extrême. Il éprouve la jouissance de la vanité satisfaite; il rapporte à sa propre importance l'appareil qu'on déploie, son amour-propre y triomphe; son banc d'accusé se transforme dans son imagination, et devient une place d'honneur, une tribune d'où il pourra se faire entendre; il puise dans l'idée qu'on le regarde une force qui le contient, et le renferme dans une retenue qui peut paraître de l'adresse: vous le verrez faire preuve d'une raison supérieure jusque dans l'arrogance des réponses que son orgueil opposera à ses juges.

Le lecteur comprendra avec moi le magistrat qui, en présence de tels phénomènes, appelle la science spéciale à son secours, et lui demande de se rendre caution de sa conscience.

On ne comprendra pas le juge qui croira pouvoir s'isoler des lumières de la science, et assumer, sans la consulter, la terrible responsabilité de tomber dans une erreur judiciaire.

Si la médecine a réclamé d'intervenir dans les cas d'aliénation mentale, si elle a sollicité l'honneur d'assister la magistrature, c'est qu'elle sent que la science oblige, et qu'il ne lui est pas permis d'être modeste quand il s'agit de dévouement.

Ce n'est pas pour rien, sans doute, que Pinel, en renversant l'empirisme, a fondé sur le terrain de la psychologie expérimentale une théorie qui est devenue une loi inattaquable.

Mais cette théorie, si sûre, exige dans son application un savoir spécial, la connaissance des facultés de l'homme, l'étude des phénomènes compatibles avec leur fonctionnement normal, et la science des altérations morbides qui peuvent les oblitérer : il faut de plus la pratique.

Sont-ce là, je le demande, des connaissances qui soient familières à d'autres qu'à des médecins, et encore à des médecins aliénistes ? Ce n'est cependant qu'à la condition de posséder soi-même ces connaissances qu'on pourrait se passer des représentants de la science.

De deux choses l'une : le magistrat sait, ou il ne sait pas. S'il sait, il n'en éprouvera qu'un désir plus ardent de consulter l'observation plus pratique de l'homme spécial ; s'il ne sait pas et qu'il repousse tout appel à la science, on peut affirmer que le hasard présidera surtout à ses décisions.

Je n'ignore pas que la magistrature a pu, pendant de longues années, conserver des préventions légitimes contre une science qui n'était pas encore fixée ; mais, depuis un demi-siècle, l'évidence scientifique est faite, et il n'est plus permis aujourd'hui de la contester.

La médecine mentale a fait ses preuves, et l'humanité et la justice auraient, à cette heure, profondément à souffrir si l'on ne lui accordait pas l'existence officielle qu'on a déjà accordée à tant d'autres branches de la science médicale.

Il est juste de reconnaître que les faits, le temps et les résultats manifestes de la science ont déjà effacé beaucoup de préventions ; mais il est de l'intérêt absolu du corps médical, de la magistrature, et surtout de l'humanité, qu'elles disparaissent entièrement.

Pour moi, qui ai consacré tant d'années de ma vie à poursuivre un pareil résultat, j'avoue que ce n'est pas sans orgueil que je vois un magistrat éminent solliciter le concours de cette science si suspectée, et la proclamer l'auxiliaire nécessaire de la bonne justice.

J'ai voulu avant tout faire hommage à l'Académie de Rouen de ces recherches, qui me paraissent de nature à précipiter la solution de cette question si grave ; je sais d'ailleurs que mes paroles tireront, de la bienveillance avec laquelle la savante compagnie voudra bien les accueillir, une autorité qu'elles n'auraient pas sans son assentiment.

Qu'il me soit permis d'abord de rappeler quelle est la situation légale des aliénés devant la justice, et quelles dispositions de lois les surveillent ou les protégent.

Le droit romain est resté longtemps la base unique de notre jurisprudence en matière d'aliénation mentale. La loi du 24 août 1790 n'y dérogeait pas en mettant à la charge des communes les insensés qui leur appartiennent, et prescrivant aux maires de prendre, à leur égard, les mesures de surveillance et de police jugées nécessaires ; le Code civil s'en inspirait pour les classifications, dans lesquelles il répartissait les différents cas d'interdiction.

Le Code pénal ne faisait qu'obéir à la logique des choses en dispensant de toute pénalité les prévenus de délits ou les accusés de crimes qui seraient en état de démence au moment de la perpétration du délit ou du crime.

Cependant, les divisions adoptées par le Code civil, et renouvelées de la loi romaine, n'étaient plus d'accord avec l'évidence scientifique, et le Code pénal, en acceptant le principe de l'inculpabilité des fous, n'en assurait pas l'exécution.

C'est à la loi du 30 juin 1838 qu'il faut reporter l'honneur d'avoir préparé l'alliance de la science spéciale et de la magistrature.

« La bienfaisante loi du 30 juin 1838, dit M. Sacase, a elle-même indiqué aux tribunaux cette voie dans laquelle ils devront nécessairement entrer. Elle fait dépendre de l'opinion des médecins le placement des malheureux atteints d'aliénation dans les établissements que la charité sociale leur avait ouverts, et dont elle a multiplié le nombre; c'est à cette même opinion qu'elle a subordonné encore leur sortie (1).

» Sur qui donc la société pourrait-elle rejeter la responsabilité de ces graves mesures, si ce n'est sur ceux que leur profession et leurs lumières spéciales désignent à sa confiance. »

C'est un magistrat qui parle, et ce magistrat est aussi un savant; on voit que je ne disais pas assez en avançant que la loi de 1838 avait préparé le concours mutuel des représentants de la justice et de la science. Il faut leur restituer son véritable caractère : elle l'a impérieusement commandé.

La science, en faisant l'évidence autour d'elle; les spécialistes, en offrant spontanément le concours de leurs lumières et de leur expérience; la législation, en indiquant la voie à suivre, et fixant la nature des rapports réciproques, ont fait ce qu'ils pouvaient faire ; c'est à la bienveillance et à la haute justice des magistrats, à l'amour du bien dont ils sont animés, à assurer l'exécution des intentions du législateur, et à garantir les légitimes intérêts de l'humanité.

J'appelle de toute mon énergie cette union de nos efforts à tous, magistrats et spécialistes; chaque heure perdue pour la réalisation de ce grand but impose une bien lourde responsabilité à ceux qui perpétuent par leurs préjugés une situation devenue impossible. J'espère que la médecine se placera au-

(1) Loi du 30 juin 1838, art. 8, 52, 12, 13, 14, 19, 23. (*Annales d'hygiène*, t. XXII, pag. 215.)

dessus d'un pareil reproche ; elle se fera petite, pourvu qu'elle soit assurée d'être entendue. Qu'on rende sa coopération aussi modeste qu'on le voudra, pourvu qu'on ne l'empêche pas d'être utile. Qui de nous d'ailleurs voudrait commettre cette mauvaise action de transformer en une spéculation de vanité la poursuite d'un intérêt public du premier ordre.

Les faits pressants et continuellement reproduits sous nos yeux, les lois inobservées ou éludées, les droits de l'humanité constamment ajournés, ne laissent pas plus de place aux luttes d'amour-propre qu'aux questions de préséance.

Puisque j'ai parlé des lois qu'on n'observe pas ou qu'on élude, le lecteur voudra, sans doute, que je justifie une aussi grosse parole. Je prends l'engagement de ne laisser sur un point aussi délicat aucun doute dans les esprits.

On a vu que la loi du 24 août 1790 met à la charge des communes les aliénés qui leur appartiennent, et prescrit aux maires de prendre à leur égard les mesures de police et de surveillance jugées nécessaires. Or, voici ce qui se passe généralement. La surveillance d'abord n'existe pas ; lorsqu'il y a un aliéné agité ou furieux dans une commune, le maire fait constater un délit de tapages, menaces, injures, bris de clôture ou vagabondage, et, au lieu de l'envoyer directement dans un asile d'aliénés, il requiert la force publique, et le fait écrouer à la maison de prévention.

Jamais les familles ne s'opposent à ce singulier procédé administratif, quelquefois même elles n'en sont point instruites.

Lorsque le fou vagabond est inconnu, l'affaire prend la forme des instructions criminelles.

N'est-ce pas là, je le demande, désobéir formellement à la loi de 1790 ? et si l'on veut se rendre compte de la fréquence de cette désobéissance, on sera obligé de reconnaître que, dans la pratique, la loi est aujourd'hui virtuellement abrogée.

On élude de la même sorte la loi du 30 juin 1838, qui exige

que les aliénés de chaque commune soient envoyés à l'hospice, et que leur pension y soit payée par les communes. On fait, par esprit d'économie, du fou un délinquant, et, tout en se débarrassant d'un individu incommode, on rejette la dépense sur le département.

La maison de détention de Bicêtre reçoit chaque année environ dix fous de cette sorte pour le seul arrondissement de Rouen.

Le lecteur remarquera que ces individus sont le plus souvent des fous avérés, et connus comme fous depuis longtemps dans leurs communes, et il s'étonnera avec moi que des maires, qui sont des hommes honorables, puissent ainsi chaque jour violer ou éluder les lois, sans s'être certainement rendu compte une seule fois de l'immense responsabilité qu'ils encourent.

On le voit ici, il ne s'agit pas seulement d'un tort fait au budget du département au profit de la commune, il y va d'un intérêt plus terrible; car, enfin, si le fou n'est pas reconnu pour fou par les tribunaux, s'il est condamné au lieu d'être envoyé dans un asile, quels remords ne se prépare pas le magistrat municipal qui a trompé la justice!

Il est pénible d'être obligé de le dire, mais de telles condamnations ne sont pas rares. Tout, dans de semblables causes, tend à égarer la magistrature : le procès-verbal de l'autorité municipale, la déposition des habitants dans l'intérêt de la commune, et souvent la nature de la folie elle-même, qui n'empêche pas l'aliéné de répondre nettement aux questions d'usage.

Il n'est pas jusqu'à la famille du malheureux fou qui ne trempe dans cette surprise faite à la justice, dans l'idée encore vivace qu'un fou ne déshonore pas moins qu'un voleur.

Si de tels préjugés peuvent refouler à ce point le sentiment de famille, et lui imposer silence en face d'une condamnation certaine pour un des membres qui la composent, qu'arriverat-il du malheureux aliéné sans ressources et sans famille J'ai vu les magistrats, douloureusement émus, condamner par pitié de misérables fous et idiots, afin, sans doute, de leur assurer au moins l'abri et le pain de la prison. C'est ainsi que j'ai vu les mêmes individus revenir dix, quinze fois de suite à Bicêtre sous le coup de semblables condamnations, et toujours pour les mêmes causes.

Les habitudes judiciaires ne tendent pas moins que les fausses déclarations et les préjugés à égarer les magistrats.

J'ai déjà dit que les individus les plus absolument fous répondent encore parfaitement aux questions qui n'ont pour but que le nom, la demeure, la profession, etc. Ce n'est guère qu'en les mettant sur la voie de leur délire, et avec mesure, que la folie se révèle évidente, incontestable (1).

Cependant la rapidité donnée aux débats d'une audience chargée de quinze ou vingt affaires ne laisse pas de place à un interrogatoire de cette nature. L'aliéné, que rien n'a dénoncé d'une manière positive, n'est pas interrogé autrement que les inculpés assis à côté de lui, et qui sont le plus souvent des habitués de police correctionnelle.

Ce n'est qu'en assistant à de pareils débats que j'ai pu comprendre comment des cas de folie, évidents pour le médecin spécial, pouvaient n'être pas aperçus par les magistrats qui condamnaient.

Dans deux circonstances surtout, j'ai recueilli de bien tristes exemples de cette situation déplorable qui est faite à l'aliéné devant la justice. Je demanderai tout à l'heure la permission d'en présenter l'analyse.

(1) Dans son *Traité de médecine légale*, le célèbre professeur Orfila dit, en adoptant l'opinion de Georget : « On a vu des aliénés dans un état de démence très avancé, dont il a été impossible de démontrer l'aliénation dans les interrogatoires... L'aliéné, qui sait qu'on l'observe pour statuer sur son état, peut prendre une infinité de précautions, et répondre juste à toutes les questions... »

On voit quels obstacles rencontre la magistrature quand elle ne prend pas au préalable l'avis de la science spéciale. Je ne veux pas faire de récriminations, mais je suis assuré que tous les bons esprits se joindront à moi pour désirer qu'elle accueille avec bienveillance ce concours, soit qu'elle l'ait sollicité, soit qu'il puisse être *spontanément* apporté.

L'Académie s'associera au désir que je viens d'exprimer, parce que la magistrature, que nous honorons tous, et la dignité de la justice, y sont plus intéressées que la science elle-même.

Comment, en effet, la science pourrait-elle être rendue responsable de faits auxquels elle ne coopère pas? Son autorité ne saurait avoir à souffrir des erreurs commises en dehors de son concours, sa conscience n'a pas de remords à en concevoir. La justice seule peut perdre aux contradictions dont elle nous donne parfois l'affligeant spectacle, et c'est surtout notre respect pour la magistrature qui nous fait regretter ces débats, où elle voit si souvent ses appréciations *échouer* devant le jury.

J'en éprouve pour ma part une affliction d'autant plus sincère, que je crois qu'en pareille matière une cour ou un tribunal présenteront toujours des garanties de bonne justice supérieures à celles que peut fournir un jury.

Si elle ne se refusait jamais à l'évidence scientifique, si elle s'appuyait avec plus de confiance sur la science spéciale, la magistrature s'épargnerait ces mécomptes, et nous ne verrions pas si fréquemment la folie passer inobservée par la chambre des mises en accusation, pour aller affronter l'esclandre de la cour d'assises, et recevoir sa constatation par des jurés.

Nous n'aurions pas vu des individus (comme un nommé Levaillant en 1822, madame de Saint-Germain en 1828, Lambert en 1845) renvoyés par la chambre des mises en accusation devant la cour d'assises, si l'on eût pris en considération les rapports des médecins pour Levaillant et Lambert si on les eût consultés pour madame de Saint-Germain l'honneur de l'acquittement n'eût pas été laissé au jury, il eût appartenu tout entier à la magistrature.

Que les magistrats réfléchissent à ce que de pareils acquittements, après des *réquisitoires contraires*, font peser de doutes sur les appréciations de la justice, et ils reconnaîtront à quel point il importe qu'ils s'enquièrent d'abord de l'opinion des hommes de l'art, et qu'ils aient ensuite toujours le courage des ordonnances de non-lieu et du transfert dans les asiles d'aliénés.

La magistrature sait cependant bien comment s'y prendre pour couvrir sa responsabilité et rassurer sa conscience; le tribunal et la cour d'appel de Rouen viennent tout récemment d'en donner un remarquable exemple dans un cas des plus graves, et de tracer une voie qui mérite de servir de règle générale.

Une malheureuse femme, la femme Lemettais, tue son enfant âgé de deux ans, puis elle se livre aussitôt elle-même à la police, déclare son crime, et avec des circonstances telles que la présomption de folie se présente immédiatement à l'esprit du jeune et savant magistrat chargé de l'instruction. M. Censier nomme une commission, dont je faisais partie avec les docteurs Desbois et Bouteiller. La monomanie mélancolique constante, et l'état de délire homicide au moment de l'accomplissement du crime, furent constatés par nous, et l'affaire renvoyée par la chambre du conseil à la chambre des mises en accusation avec des éléments de doute; là une nouvelle instruction eut lieu, une seconde commission de médecins fut nommée par M. Lévisse, conseiller, et un nouveau rapport, conforme au premier, déposé par les docteurs Leudet, Hellot et Mérielle.

M. le conseiller Lévisse alla plus loin, et voulut entendre les médecins en particulier; mais, après s'être entouré de toutes ces garanties de l'observation, de l'examen et de la science, il proposa, et la chambre des mises en accusation prononça le non-lieu à suivre contre la malheureuse mère infanticide.

Voilà ce que j'appelle un bon précédent; ici point d'hésitation à consulter les hommes de l'art, mais aussi point d'esclandre de cour d'assises, point d'appareil judiciaire, aussi capable de rendre la maladie inguérissable qu'impuissant à constater l'état réel de l'accusée; des précautions minutieuses, sans doute, contre l'appréciation de la science, mais un parti pris énergique, une décision nette, dès que l'évidence est faite.

On doit désirer que la marche adoptée dans cette circonstance par la magistrature de Rouen serve de règle pour l'avenir.

Mais ce n'est pas seulement quand il s'agit de délits ou de crimes, et par conséquent d'un intérêt social, que la médecine mentale peut apporter un concours utile aux magistrats, l'intérêt des familles ne doit pas la trouver moins dévouée.

Dans les cas d'interdiction civile, les médecins spécialistes peuvent rendre d'immenses services. Ici la tâche est peut-être encore plus délicate, car il ne s'agit plus seulement de juger l'intelligence par ce qu'elle offre d'accidentel, mais plutôt par ce qu'elle est *incapable* de produire. Il se peut que l'esprit puisse encore combiner une série d'idées régulières, et que cependant la raison soit devenue impuissante à dominer la passion et à faire triompher la volonté.

De ce que cette passion ne prépare que la ruine de la famille sans attaquer la société tout entière, comme dans les cas de délits ou de crimes, s'ensuit-il que la société, qui doit protection à tous ses membres, n'ait pas l'impérieux devoir de sauvegarder de tels intérêts, et de les entourer de toutes les garanties dont elle dispose.

Ce n'est pas le cas, à coup sûr, d'hésiter à en appeler à la science spéciale, et de réclamer son concours. La folie monomaniaque, qui pourrait presque aussi fréquemment que la démence servir de base à l'interdiction, défie l'observation de ceux qui n'ont pas appris par une longue pratique à la reconnaître avec sûreté ; on la méconnaît le plus souvent, alors même qu'elle est indubitable ; elle échappe à l'appréciation commune.

Qu'il me soit permis de rappeler deux exemples, dont l'un, au moins, était bien connu ici. Je veux parler de ce M. Barbier, qui s'appelait lui-même *atmosphéro-dominateur*, et qui prétendait tout simplement avoir trouvé le moyen de faire le beau et le mauvais temps. Sur tout ce qui ne touchait pas à sa manie, Barbier raisonnait très sensément, combinait non seulement une série d'idées, mais les analysait, les soutenait de telle façon que ceux qui ignoraient le point sensible de cet esprit malade, l'auraient certainement tenu pour le plus sain du monde. Cependant Barbier a dépensé un demi-million en expériences pour faire la pluie et le beau temps ; il a ruiné sa famille sans qu'on ait pu le faire interdire à temps.

Aucun homme spécial n'eût hésité à prendre la responsabilité d'une pareille interdiction ; une famille entière eût été sauvée.

Le second exemple que je veux citer est celui d'un autre fou à idée fixe, du nom de Fombert. Fils unique, Fombert appartient à une famille jouissant d'une large aisance : son père possède 10,000 francs de rentes ; son enfance a eu grandement à souffrir de l'autorité paternelle exercée avec sévérité.

On le maria, et il eut en dot une ferme rapportant 3,000 fr. de rentes ; mais après deux années de mariage, marquées par une mauvaise administration et des scènes bizarres et folles, le jeune ménage s'endetta, se divisa, et une séparation de corps fut prononcée entre les deux époux.

Cependant Fombert adorait sa femme, et elle devint, elle et ce qui la regardait, son idée fixe, dominante, absorbante, à ce point qu'il n'y eut plus dans ce cerveau déjà débile aucun intervalle pour le bon sens.

Sept fois Fombert fut condamné correctionnellement pour avoir tenté, avec emploi de la force, de revoir sa femme, l'enlever, ou la soustraire, dans sa pensée, à des dangers imaginaires.

On se demandera comment on n'a pas tout simplement interdit un pareil homme. Cela paraîtra bien plus extraordinaire quand on saura que c'est le conseil de famille qui ne l'a pas voulu....., sous le prétexte qu'une interdiction était un déshonneur.

Qu'il me soit permis de remercier publiquement, au nom de l'humanité, deux personnages considérables dont le nom se trouve si fréquemment lié à ce qui se fait de bien dans notre département, M. le préfet Ernest Le Roy et M. le procureur général Daviel.

Malgré l'arrêt de la cour, qui venait de condamner pour la septième fois le malheureux Fombert, ces éminents magistrats, sur un premier rapport émané des docteurs Mérielle, de Smyster et moi, avant la condamnation, et enfin sur un second rapport que je dus adresser après la condamnation comme médecin en chef des prisons, à l'autorité administrative, n'hésitèrent point à ordonner le transfert de Fombert à l'asile de Saint-Yon.

Ces faits proclament assez haut ce que la bonne justice eût gagné à s'inspirer d'abord de l'avis de la médecine : Fombert n'eût pas été emprisonné sept fois à titre de correction pour un fait que toutes les prisons du monde étaient impuissantes à corriger : on eût commencé par où l'on a fini..

Je crois que le savant et honorable magistrat de la cour d'appel d'Amiens, qui a écrit sur la folie considérée dans ses rapports avec la capacité civile, ce livre si remarquable que j'ai cité plusieurs fois, et qui a inspiré ce travail, trouvera la une justification éclatante de ce qu'il professe à la page 12, lorsqu'il dit : « Si aux médecins revient la tâche de faire pénétrer la lumière dans le labyrinthe d'une intelligence troublée et de décrire les désordres qui s'y produisent, l'office du législateur aussi bien que du jurisconsulte est d'accueillir les résultats de l'expérience médicale, et de se conformer aux décisions de ceux que leur profession charge naturellement du soin d'observer les faits, de les classer et d'en faire jaillir une théorie. »

A cette doctrine de M. Sacase, proposant nettement de donner à la justice la garantie de la science, opposera-t-on l'opinion de M. Elias Regnault, qui a écrit tout un volume pour conseiller de s'en tenir aux errements. Nous laisserons M. Elias Regnault (1) faire lui-même justice de sa théorie. « Malheureusement, dit-il, la folie revêt tant de formes, se prononce avec des modifications si bizarres, si voisines de la raison, qu'il devient impossible de la discerner. » Ainsi il est possible que l'on se trouve *avoir condamné un fou.*

Quel aveu! Eh quoi! on reconnaît qu'il se peut qu'on condamne un innocent, un pauvre insensé! on croit à l'existence des erreurs judiciaires, et l'on conclurait que la justice doit refuser de s'aider de l'autorité de l'évidence scientifique !

Voilà bien les préjugés, toujours impitoyables, et sacrifiant autour d'eux jusqu'au sentiment d'humanité, jusqu'à la raison la plus évidente.

Ils dominent les meilleurs esprits tant que des études graves et approfondies n'ont pas mis à nu la fausseté des impressions qu'ils ont fait naître; acceptés comme des axiomes, ils démonétisent jusqu'à la vérité la plus incontestable.

La vérité n'est pas faite cependant pour succomber définitivement devant l'erreur; elle a vaincu d'autres obstacles depuis qu'elle est en marche pour s'emparer du monde et l'éclairer. Les résultats des luttes qu'elle a soutenues jusqu'à ce jour ne sont pas de nature à nous faire désespérer d'elle et de sa fortune; si elle rencontre des hostilités fanatiques, elle

(1) *Du degré de compétence des médecins dans les questions judiciaires relatives aux aliénations mentales.* Paris, 1830, pag. 79.

a aussi des défenseurs dévoués et qui ne lui feront jamais défaut ; car il y a dans le sentiment des services qu'on lui rend une récompense, qui remplit le cœur et l'élève au-dessus de toute autre ambition.

Jetons nos regards sur le passé, et les progrès qu'elle a faits sur les préjugés nous donneront la mesure de ce qu'elle peut faire encore.

En 1576, les Etats-généraux (article 68) demandaient la punition des présagisseurs, magiciens, sorciers et nécromanciens, sans indication de peine.

En 1588 (article 18), ils demandaient que tous sorciers, enchanteurs, magiciens, noueurs d'aiguillettes, tourneurs de sacs, fussent punis de mort.

Veut-on savoir ce que c'étaient que tous ces sorciers ? écoutons Boquet : « Il y a présomption de sorcellerie, dit-il (*Discours des sorciers*, Lyon 1603), quand l'individu inculpé est fils de sorcier ; quand il porte sur la peau des marques faites par le diable ; quand il parle tout seul ; quand il se dit damné ; qu'il demande à être rebaptisé ; qu'il marmotte entre les dents, les yeux fixés contre terre, des paroles inintelligibles. »

N'est-ce pas, je le demande, la description de la folie ? Quelle autre description en ferions-nous, nous-mêmes, à cette heure ? Ces sorciers étaient donc des fous ?

En 1614, les États-généraux étaient déjà moins étrangers aux sentiments d'humanité ; ils se bornaient à demander (article 25) la punition corporelle des *devins*.

Il appartenait à Louis XIV, en 1670, de déclarer en son conseil qu'aucun parlement ne pourrait plus instruire contre la *sorcellerie*.

En cette année, le parlement de Normandie avait réuni dans les prisons de Rouen trente-quatre sorciers, dont trois étaient déjà condamnés à mort lorsque la défense du roi arriva. Ce ne fut pas sans avoir fait une très longue et aujourd'hui une très curieuse remontrance, que le parlement se dessaisit de ses trente-quatre sorciers. (*Histoire du parlement de Normandie* de M. Floquet, tome V, page 750.)

On voit que la législation barbare disparaissait devant la volonté du grand roi ; mais il faut aussi rendre hommage et en faire au moins partager l'honneur aux Ponzinibius, aux Dalciat, aux courageux Wier, aux de Pigray, à Jean-Baptiste Porta, à cet illustre Montaigne, qui avaient eu la gloire de faire comprendre que les phénomènes attribués aux êtres surnaturels sont du domaine de la médecine.

Ce sont ces hommes illustres qui nous ont arrachés à ces errements barbares, dont Voltaire disait quelques années après : « Il n'y a pas un tribunal dans l'Europe chrétienne qui ne se soit souillé par de tels assassinats juridiques pendant quinze siècles entiers, et en disant qu'il y a eu plus de cent mille victimes de cette jurisprudence idiote, barbare, et que la plupart étaient des femmes et des filles enceintes, je ne dirais pas encore assez. » (Page 600 du volume, *Politique et Législation.*)

Malheureusement Voltaire n'exagérait pas ; aussi la science a bien le droit de se montrer fière d'hommes tels que Duncan et Pigray, qui défendaient au péril de leur vie, en face du fameux de Laubardemont, les droits de l'humanité, et préparaient une ère de justice.

Cette disparition d'une jurisprudence criminelle, cruellement erronée, peut bien faire espérer de nos jours, avec l'aide de la science, la création d'une jurisprudence raisonnée, et appuyée sur les faits.

Certaines monomanies, qu'on a si longtemps niées, ne sont-elles pas aujourd'hui complètement admises par les magistrats ? Qui doute, par exemple, de la *démonomanie* et des causes où elle prend son origine ? La vision permanente du démon, la terreur inspirée par la crainte des maléfices, l'obsession d'idées fixes dans leur exagération....., ne peuvent naître que dans un cerveau malade.

La monomanie *suicide* n'est pas plus contestée que les sources où elle s'alimente : l'oblitération du sens de la conservation, la domination persistante d'idées mélancoliques, qui détachent de tous les biens où nous pouvons trouver le bonheur, sont évidemment aujourd'hui ces causes ; nous voyons des gens se détruire avec un calcul de moyens qui semblent indiquer l'action de la raison. Cependant qui pense à soutenir qu'ils ne sont pas fous ?

La monomanie du *vol*, ou aberration du sens de la propriété, est, à cette heure, sous l'égide de l'évidence scientifique ; les faits les plus concluants, pris à tous les degrés de l'échelle sociale, ne permettent pas de penser que les tribunaux opposent une plus longue résistance à l'admission de son appréciation légale.

Les monomanies *bizarres*, dont j'ai cité un exemple dans la personne de M. Barbier, ne sauraient être mises en question ; nous les voyons à chaque pas dans le monde, et à des degrés différents.

Il n'y a plus que la monomanie *homicide* et *incendiaire*, et la folie *instantanée*, qui rencontrent encore devant la plupart des tribunaux une incrédulité presque constante. Or, c'est là le sujet de la plus grave question soulevée et résolue, je l'affirme, par Pinel, l'illustre *rénovateur* de la science mentale ; rénovateur, dis-je, car qu'on se garde bien de croire qu'il y ait rien de nouveau dans ces maladies de l'esprit ; on en acquerra la preuve, si l'on prend la peine de lire le curieux ouvrage de M. le docteur Calmeil : *De la folie, depuis la renaissance des sciences jusqu'au XIX° siècle*, 1845.

A la page 193 du tome Ier, on lit : « Les faits qu'on va lire prouvent que la monomanie homicide, avec ou sans penchant au suicide, se comportait autrefois comme à présent.

» Si l'on n'était pas détrompé par ces dates, on serait tenté de croire que les récits que j'emprunte à certains recueils anciens ont été pris dans nos journaux quotidiens. »

Une opinion déplorable a facilement fait son chemin à ce sujet ; beaucoup, en admettant comme possible et existante la monomanie homicide, prétendent refuser, comme dangereuse dans les débats judiciaires, la discussion de la *liberté morale*.

Un criminaliste a été jusqu'à prononcer ces paroles malheureuses : « Si la monomanie homicide existe, il faut la guérir en place de Grève. »

N'avait-on pas dit en d'autres temps : « Si la magie est un talent, il faut la soumettre à l'épreuve du feu. »

Ce sont là des paroles d'autant plus malheureuses, qu'elles provoquent à des actes de torture contre l'humanité, et la déshonorent.

Que serait-il arrivé si la cour de Rouen se fût laissé diriger par de tels principes, dans l'affaire de cette malheureuse fille dont je parlais tout à l'heure? Meurtrière de son enfant, dans un accès de *folie instantanée*, elle eût subi le supplice de l'odieux assassin qui a froidement combiné le crime, et l'a exécuté la conscience froide et la main sûre!

La liberté morale, le libre arbitre dans l'acte qu'on commet ; mais c'est ce qui fait le crime, et ce qui constitue le criminel!

L'absence de la volonté ne laisse de place qu'au malheur ; il n'y a plus de coupable, il n'y a qu'un fou.

Je ne m'abuse pas sur les ressources dont dispose la médecine mentale ; je sais aussi qu'elle est une science nouvelle, et qu'elle n'a pas résolu d'une façon absolue tous les problèmes qui pourraient lui être posés. Mais de ce que le problème est obscur et la maladie moins saisissable, faut-il en conclure qu'il vaut mieux repousser toutes les données scientifiques, toute l'expérience qu'une longue pratique a conquise, pour s'en référer à une opinion personnelle dépourvue de ces garanties?

Je dis que c'est au moins substituer le hasard à la probabilité. Conjecture pour conjecture, je veux me servir des mots les plus modestes, je crois que les conjectures de la science ne sont pas celles qui approcheraient le moins de la vérité ; remarquons, d'ailleurs, que les décisions des hommes spéciaux n'obligent pas les magistrats, et que se refuser à les consulter, c'est tout simplement fuir gratuitement devant une lumière utile.

Il y a une manière peu droite, à mon avis, de combattre ce dont on ne veut pas, et qui, cependant, manque rarement le but qu'on s'en propose, c'est de le ridiculiser ; un tel procédé n'exige pas de ceux qui l'emploient une science bien profonde, et c'est aussi en quoi il est plus commode et à la portée des plus médiocres. Ainsi, à propos des médecins aliénistes qu'on ne réfuterait pas aisément, on s'en va disant qu'ils voient des fous partout.

J'accepte pour ceux qui le disent et le répètent que ce mot, jeté à l'homme d'études, dont on n'a pas pris la peine de partager les travaux et les fatigues, est aussi spirituel qu'il voudrait être méchant, mais à coup sûr il est peu fondé.

On ne manquera pas de remarquer à quel point c'est là un reproche irréfléchi ; on s'étonne que des hommes spéciaux, en rapport tous les jours avec ce que la société a de plus compromis, voient plus de fous qu'on n'en rencontre soi-même dans une société épurée !

Écoutons un homme marquant dans nos études : « Et comment, dit le docteur Michéa de Paris, n'y aurait-il pas, en effet, dans les prisons plus d'aliénés que dans la population libre, puisque la vie de désordre est souvent le premier degré de la folie, puisque l'aliénation en est le plus souvent, peut-être, la conséquence ? » (Page 36.)

N'hésitons pas à le déclarer, le médecin, le savant, l'homme de l'art, n'ont pas de système devant la majesté de la justice ; ils recherchent la vérité avec autant d'amour et d'anxiété que peuvent le faire les magistrats.

Ils la recherchent si bien, que moi, qui ai été si largement enveloppé dans cet ostracisme, je puis aujourd'hui offrir pour notre ressort, à l'honorable conseiller de la cour d'Amiens, les renseignements les plus concluants et les plus complets en faveur de ce qu'il a avancé. Les preuves en main, il pourra établir que l'alliance de la science spéciale et de la magistrature est commandée par l'humanité.

Je ne doute pas que ceux qui m'ont accusé d'esprit de système et de recherche trop zélée de la folie, qui m'ont accusé de voir des fous partout, ne changent de langage, quand ils auront pris connaissance de mon travail sur l'histoire de la folie dans les prisons de Rouen pendant plus de trente ans ; ils y verront des hommes condamnés, quoique je les eusse reconnus fous. Les uns sont encore vivants, mais à Saint-Yon ; d'autres sont morts dans cet asile des aliénés, et l'autopsie a démontré plusieurs fois des altérations du cerveau (1).

C'est qu'aussi, en trente-sept ans, on peut voir bien des choses ; d'ailleurs le temps donne d'étranges solutions et qui font justice de bien des préjugés.

Qu'on ne croie pas, cependant, que j'aie peuplé à moi seul l'asile de Saint-Yon et vidé les prisons. Voici les résultats numériques que je puis donner en toute confiance.

J'ai constaté, depuis 1815 jusqu'à ce jour, dans les prisons de Rouen, la présence de 8,507 individus accusés de crimes. Dans ce nombre considérable, j'ai reconnu 17 fous, et en réalité 16 ; car j'ai pensé que l'un d'eux, quoique possédé par une monomanie évidente, avait agi en connaissance de cause et en pleine liberté morale. Il a été condamné sur mon rapport. Restent donc 16 fous, dont voici la fin : 10 ont été acquittés comme fous. A moins qu'on ne me dise que la magistrature et le jury ont été acquis à mes systèmes, il faut bien se résigner à croire que je n'ai pas eu tort.

(1) Ce travail sera publié dans un de nos prochains numéros.

Quant aux 6 autres, le premier est encore fou à Gaillon, où il a subi sa peine et où je l'ai vu. Le médecin en chef du bagne et l'aumônier de Brest m'écrivent que le second est toujours fou ; le troisième est en liberté et fou stupide ; le quatrième s'est laissé imposer le suicide dans son cachot au moment de monter sur l'échafaud ; le cinquième a été guillotiné ; le sixième est mort fou à Saint-Yon.

16 fous sur 8,507 accusés, voilà donc mon chiffre de fous au criminel ! Je ne sais pas le parti que les rieurs pourront en tirer, mais je m'exécute de bonne grâce, et je leur en fais ma confession tout entière.

Le nombre des prévenus ou condamnés pour délits, en qui j'ai vu des aliénés, est plus considérable, ainsi qu'on doit le supposer. Depuis 1835 jusqu'à présent, il est entré dans les maisons d'arrêt et de correction de Rouen environ 34,500 individus, et sur ce nombre j'ai reconnu 248 cas de folie, soit environ 14 par an.

Si je me suis borné à cette période de 17 ans pour les inculpés de délits, c'est qu'elle coïncide avec l'ouverture de l'établissement des aliénés, où la vérification des faits peut se faire.

J'ai besoin que l'on tienne compte ici de la tendance des magistrats municipaux à faire de Bicêtre l'antichambre de Saint-Yon. Je leur dois bien, bon an mal an, dix ou douze fous tout faits ; les autres procèdent, je n'hésite pas à le dire, particulièrement de mes observations ; mais je n'en prends pas moins volontiers la responsabilité de tous les cas que j'ai reconnus.

Des 248 fous que j'ai dû examiner, 4 sont décédés, 166 ont été acquittés ou renvoyés de l'accusation en vertu de l'ordonnance de non-lieu ; 78 ont été condamnés, deux sur ma déclaration, l'un comme simulant la folie, l'autre comme ayant accompli, dans la plénitude de son libre arbitre, l'acte incriminé.

Des 76 autres condamnés, 1 est mort quelques jours après

le jugement, 19 sont restés à Bicêtre, plusieurs faute de place à Saint-Yon, le plus grand nombre parce qu'ils n'avaient qu'un court emprisonnement à subir.

Les 56 autres condamnés, sans exception, ont dû, sur des faits évidents de folie, malgré la décision judiciaire qui venait de les atteindre, être renvoyés presque immédiatement à l'asile des aliénés par l'autorité administrative, par moi avertie.

Ce sont là des faits qui pourront, je ne le dissimule pas, embarrasser quelque peu mes contradicteurs; les livres de visites, mes rapports annuels sur le service de santé, l'état nominatif et circonstancié soumis à la commission des prisons, approuvé par elle, et conservé dans ses archives, sont autant de documents authentiques qui ne se plieraient à aucune concession.

Plusieurs des cas de folie observés chez les prévenus de délits méritent l'attention; on les retrouvera ailleurs, consignés avec quelques détails, dans l'intérêt de la science. Je n'insisterai pas sur les autres, soit qu'ils rentrent dans des conditions de folie qui ne sont plus contestés par personne, soit qu'ils n'aient donné lieu qu'à de légères condamnations pour vagabondage, tapage ou injures.

Je n'aurais pas relevé ici cette petite guerre de mots contre les médecins aliénistes, si je n'y avais trouvé l'occasion naturelle de mettre sous les yeux de l'Académie des chiffres décisifs qui établissent à la fois les services réels que la médecine mentale a déjà rendus, et ceux qu'on est plus que jamais en droit d'attendre de son concours.

C'est au nom de ces services rendus, que la psychologie légale peut réclamer le droit d'en rendre de plus considérables; admise sans conteste dans beaucoup de cas, elle doit y puiser la force et l'autorité de se faire admettre dans les circonstances où elle serait encore injustement contestée, et où l'humanité réclame impérieusement son intervention.

C'est à obtenir la discussion, devant les tribunaux, de la

volonté, de la *liberté morale* ou du *libre arbitre*, ce qui est tout un, que doivent tendre aujourd'hui tous les efforts de la médecine mentale ; il faut que l'évidence scientifique nous élève, magistrats et spécialistes, plus haut que ne l'a fait la lettre de la loi qui a renfermé la folie dans les mots de *démence*, *fureur*, *imbécillité*.

Il est évident qu'aujourd'hui ces définitions ne répondent plus à l'expression des faits que la science a démontrés, de manière à en faire des vérités légales.

La fureur, par exemple, telle que le Code civil l'a empruntée au droit romain, n'a même plus de sens dans notre langue. Les Romains employaient le *furiosus* pour désigner l'homme tout simplement aliéné ; aujourd'hui, si nous avions sous les yeux un maniaque d'une humeur gaie, expansive et nullement malfaisante, dirions-nous d'un tel aliéné que c'est un furieux ? Les conquêtes de la science ont fait naître le besoin de définitions nouvelles ; mais aussi elles ont révélé l'existence de cas de folie qu'on n'avait même pas soupçonnés.

La monomanie homicide instantanée est, sans contredit, de tous les cas que la médecine a signalés, celui qu'il est le plus difficile de faire accepter ; si les circonstances, dans lesquelles les aliénés de cette nature procèdent le plus souvent aux actes les plus déplorables, ne révélaient nettement la folie, il faudrait désespérer du triomphe de la vérité scientifique. La raison générale resterait hésitante, et le doute serait, en quelque sorte, de la sagesse.

Je reconnais, en me plaçant pour un instant en dehors des études spéciales qui ont fait l'évidence contraire, je reconnais, dis-je, que la raison doit hésiter à l'idée qu'un individu jouissant, il n'y a qu'un instant, de toutes les facultés de l'entendement, peut tout à coup voir les ressorts de sa volonté et de son libre arbitre rompus sous les coups d'une passion surgissante, se trouver fatalement conduit à l'accomplissement des plus horribles actions, et retrouver presque immédiatement, dans l'assouvissement de sa passion avec le sentiment de son crime, l'usage de ses facultés et de la liberté morale.

Le célèbre d'Aguesseau disait de l'intervalle lucide, que c'était un *jour entre deux nuits;* la monomanie homicide instantanée est une *nuit entre deux jours.*

Les folies ordinaires sont presque toujours lentes à s'établir dans l'esprit ; elles permettent, par cela même, de les suivre et de constater leur marche dominatrice ; au contraire, dans la folie instantanée, le désordre mental se déclare presque toujours soudainement et à l'instar de la sidération, dans les maladies organiques. Le sujet est porté, par l'effet de la volonté subitement malade, à des actes intellectuels et automatiques, qu'aucun indice antérieur n'a fait prévoir ; dans certains cas, l'acte n'est précédé d'aucun raisonnement ; si, par hasard, il arrive que le raisonnement ait existé, il pèche alors par une ou plusieurs règles de la logique, quoique les autres soient encore rigoureusement suivies.

Quelquefois on ne peut reconnaître aucune prédisposition à la folie, et d'autres fois la prédisposition peut être constatée. Enfin, il n'est pas sans exemple que le sujet ait pressenti le malheur dont il était menacé ; il a voulu se faire éloigner du lieu où il se sentait irrésistiblement entraîné à un acte affreux ; et ce n'est qu'après ce débat avec sa conscience et les derniers éclairs de son intelligence, qu'il a succombé sous la force d'impulsion dominatrice.

On conçoit ainsi que le premier acte d'une folie instantanée puisse être un meurtre, et l'aliénation suivre sa marche continue ou intermittente, ou même disparaître.

Ces propositions sont largement élucidées dans un mémoire remarquable de M. le docteur Boileau de Castelnau de Nîmes, et appuyées sur des faits aussi décisifs qu'intéressants (1).

Les cas de folie instantanée sont heureusement rares, et, quelque obscurs et difficiles à reconnaître qu'ils puissent être,

(1) Voyez *Annales d'hygiène*, t. XLV, p. 215-437.

la science n'en est pas réduite à se borner à les enregistrer.

L'observation du sujet, l'étude des circonstances dans lesquelles le crime a été commis, l'analyse des désordres encore survivants dans les fonctions du cerveau, peuvent fréquemment fournir l'évidence scientifique.

La science mentale en est au moins à ce point que, s'il se peut qu'elle ne reconnaisse pas un cas d'une telle folie, il ne se peut plus qu'elle reconnaisse pour fou un individu qui ne le serait pas réellement.

C'est cette vérité qu'il faut faire pénétrer dans la magistrature, qui y puisera la confiance de s'appuyer en toute sécurité sur la science spéciale.

C'est cette confiance, dont la cour d'appel de Rouen vient de donner un si remarquable témoignage dans l'affaire de la femme Lemettais, que nous voudrions voir passer dans les usages judiciaires.

Ce sera le dernier coup porté aux préjugés, qui ont coûté, à d'autres époques, tant de sang innocent à l'humanité.

Ce sera l'œuvre du grand roi continuée et définitivement accomplie par la magistrature de nos jours, et sous l'égide du plus grand nom des temps modernes.

Je conclus : ce ne serait pas assez si l'expérience ne conduisait qu'à constater le mal sans inspirer les moyens de le faire disparaître.

Je crois avoir prouvé que la justice ne peut et ne doit pas se passer du secours de la science en matière d'aliénation mentale.

La législation de 1838 a ouvert la voie ; il dépend de la magistrature d'y entrer résolument : elle n'a qu'à le vouloir.

Toutes les fois qu'un détenu sera soupçonné d'aliénation mentale, qu'elle exige que le médecin, sans attendre une réquisition, observe l'individu, et fasse des faits qu'il aura reconnus un double rapport à l'autorité judiciaire, en même temps qu'à l'autorité administrative.

Que, dans tous les cas où les magistrats peuvent craindre qu'il y ait folie, ils chargent les médecins d'une semblable mission.

Qu'alors que le cas peut présenter quelque doute, le même soin soit confié non plus à un seul, mais à une commission d'hommes spéciaux agissant en qualité d'*experts*.

Que les accusés de crime présumés *fous* soient renfermés dans un asile spécial, ou dans un quartier spécial d'un asile, pour y être observés non pas à la hâte, mais avec maturité.

Je n'hésite pas à déclarer que, si une telle jurisprudence s'établissait, la science devrait être satisfaite ; car elle serait en mesure d'être toujours entendue, et de proposer au moins les solutions qui lui paraîtraient les plus justes. La médecine ne demande rien de plus ; elle a cette confiance, dans la haute raison de la magistrature, que ses avis, mûrement pesés, n'auraient pas besoin d'autres défenseurs que les lumières et la conscience des magistrats.

Je ne veux pas finir sans émettre un vœu, auquel l'Académie s'associera, j'en suis certain.

Nous devons tous désirer, qu'alors qu'un inculpé est renvoyé de l'accusation ou acquitté, parce que les tribunaux ont reconnu la démence, cet aliéné ne puisse être relaxé purement et simplement sans avis, ou même malgré l'avis du médecin.

On expose ainsi la société en rejetant dans son sein un individu qui peut lui faire courir des périls ; c'est un procédé inhumain envers le pauvre fou, sans ressources, et privé des facultés qui pourraient seules lui en créer.

J'espère que je serai entendu de l'administration ; il me semble que c'est à elle qu'il appartient surtout de protéger la société contre le fou, et le fou contre lui-même.

Elle devrait assurer à ce malheureux au moins un asile provisoire, jusqu'à ce que, d'une part, le danger public ait disparu, et que, de l'autre, l'aliéné ait recouvré, dans un retour de raison, les moyens de pourvoir à ses premiers besoins.

SECONDE PARTIE.

INTRODUCTION.

Lettre à M. Sacase.

Monsieur,

J'ai l'honneur de vous adresser ces notes, qui sont l'histoire de la folie devant les tribunaux du ressort de Rouen.

Comme magistrat et comme savant, vous avez jeté sur cette question une lumière dont la justice, la science et l'humanité, vous seront éternellement redevables.

Vous avez fait un beau livre, et plus qu'un beau livre, l'œuvre d'un homme de bien (1).

Vous voulez, monsieur, donner à la conscience du magistrat la garantie de la science spéciale; vous avez raison, et la justice exacte est à cette condition d'une alliance sincère entre la médecine mentale et la jurisprudence.

Si vous aviez besoin d'être soutenu dans cette voie d'humanité et de haute raison, vous me permettriez de vous rappeler que vous pourriez trouver de nobles encouragements dans l'opinion d'illustres magistrats, vos prédécesseurs et vos contemporains.

M. Bellart, procureur général près la cour de Paris, n'hésitait pas à dire : « Ce serait une suprême injustice de juger,
» surtout de condamner l'un ou l'autre de ces insensés (par
» folie instantanée ou par folie permanente) pour une action
» qui leur a échappé, pendant qu'ils n'avaient pas l'usage de
» leur raison ; outre que ce serait une injustice, ce serait une
» injustice inutile pour la société, car les châtiments n'étant
» infligés que pour l'exemple, toutes les fois que l'exemple

---

(1) *De la folie considérée dans ses rapports avec la capacité civile.* Voyez *Annales d'hygiène publique et de médecine légale*, t. XLVI, p. 236, pour l'analyse de cet ouvrage.

» est nul, le châtiment est une barbarie. Or, s'il est un
» exemple nul, ce serait la vengeance que l'on tirerait du
» crime commis dans l'excès de la fureur de l'amour, de
» l'ivresse ou du désespoir; car l'exemple ne pouvant empê-
» cher toutes les surprises de nos sens, n'empêcherait pas dès
» lors que le même nombre de délits pareils ne se commît
» toujours, non plus que la mort donnée publiquement aux
» fiévreux n'empêcherait personne d'avoir la fièvre. »

La cour de Rouen, monsieur, vient tout récemment de consacrer ces nobles paroles et de s'associer à vos sentiments. Elle est entrée dans la voie que vous avez indiquée. Une affaire capitale, présentant le cas de *folie instantanée*, a été, sur l'appel de la magistrature, résolue par le concours des spécialistes et des magistrats.

En présence de tels faits, les médecins doivent redoubler d'efforts et conclure avec vous, monsieur, qu'un bon traité de psychologie légale pourrait bien, aujourd'hui, réunir tous les suffrages en éclairant toutes les convictions. Mais quelles mains habiles élèveront ce monument qui devra procéder à la fois de la science du droit et de la science médico-mentale ?

Combien d'hommes possèdent un tel ensemble de connaissances à un degré suffisant ? C'est là, monsieur, ce qui exciterait à cette heure notre juste inquiétude, si votre livre ne nous avait dénoncé l'architecte nécessaire de cette œuvre profonde.

Je ne doute pas que tous ceux qui s'intéressent à l'efficacité de la justice et à la juste influence que la science spéciale est appelée à exercer, ne vous adressent les matériaux qui sont de nature à amener ce double résultat et à fixer la jurisprudence.

Les préventions ne sauraient tenir devant l'examen consciencieux des faits.

Les faits sont inexorables ; ils prouvent hautement qu'au moins, dans le ressort de notre cour, la science peut justifier tout ce qu'elle a fait, et qu'elle n'eût certes point nui aux intérêts de la justice, si elle eût pu toujours se faire entendre, si elle eût été toujours écoutée.

Les faits prouveront que la science ne s'empare pas légèrement du droit de plaider la cause d'infortunés ; qu'elle ne le fait qu'à coup sûr et sous l'empire des plus justes convictions

En trente-sept ans, 8,500 accusés de crimes ont comparu à Rouen devant les magistrats, et nous n'avons reconnu, nous spécialiste, que 16 cas de folie.

Sur 24,500 prévenus de délits, en dix-sept ans, nous n'avons admis que 248 cas d'aliénation mentale.

Avons-nous à regretter quelqu'une de nos appréciations ? C'est ce que les faits révèleront. Laissons-les donc parler.

L'évidence est là, palpable, inflexible ; je ne veux l'atténuer par aucune considération.

Vous y trouverez des arguments puissants et irréfutables, comme la vérité absolue.

Permettez-moi, monsieur, d'espérer que cet esprit si remarquable qui a dicté le livre *De la folie considérée dans ses rapports avec la capacité civile*, poursuivra sa tâche jusqu'au bout, et, en faisant triompher la cause de la science unie à la justice, attachera un nom déjà considérable à l'un des plus grands bienfaits que cette époque puisse acquérir à l'humanité.

Veuillez agréer l'assurance de mes sentiments de profonde estime et de haute considération.

VINGTRINIER,
Médecin en chef des prisons de Rouen.

§ I. — FAITS CRIMINELS.

A. Accusés condamnés. — 7 cas.

1ᵉʳ fait. — 1819. — Baumetz (Jean-François). — *Cas de monomanie ayant été sans influence sur la liberté morale dans l'acte coupable.*

Baumetz (Jean-François), condamné, le 1ᵉʳ mars 1819, à vingt ans de travaux forcés pour vol dans la campagne avec effraction, est actuellement, en 1852, par suite d'un nouveau jugement, à la prison de Gaillon, où il donne toujours, par *périodes*, des preuves de *monomanie*.

Dans mon opinion, son état monomaniaque a été sans influence sur l'acte qui l'a fait condamner; mais sa place est dans une maison de fous.

Cet homme offre l'exemple curieux d'une monomanie intermittente avec de longs intervalles lucides, et même en montrant de l'intelligence pendant les accès; il est du nombre de ceux qui font exception en conservant leur libre arbitre pour certaines actions, et en ne le conservant pas pour certaines autres.

Ainsi, il se croit victime de l'obsession d'une femme qui lui demande de son sang; pour lui en donner, il se fait saigner quand il le peut; mais lorsqu'il est par trop pressé, lorsque la femme le tourmente dans toutes les parties de son corps, il devient totalement fou et agité, il perd le sommeil et l'appétit: or c'est dans ces crises qu'il s'est coupé souvent au bras plus ou moins profondément, pour satisfaire cette femme imaginaire.

Il est couvert de plus de cinquante cicatrices faites avec du verre, un couteau ou des ciseaux.

Pendant ses crises, Baumetz serait *involontairement* capable de faire du mal alors même qu'il paraîtrait calme et raisonnable; il est prudent de le laisser livré à lui-même et de ne pas le contrarier. Il a été pendant longtemps à la maison de Bicêtre de Rouen dans le quartier des aliénés, et ensuite à l'asile de Saint-Yon. Là M. le docteur Parchappe, médecin en chef de l'asile, a considéré Baumetz comme simulant la folie, et l'a fait renvoyer à Gaillon pour finir son temps. Aujourd'hui il est évident que Baumetz n'a plus d'intérêt à feindre, et qu'il serait inexplicable qu'il eût pu le faire depuis un si grand nombre d'années. Or M. Carville, médecin de Gaillon, M. le docteur Desbois et moi, l'avons encore visité en septembre 1851, et avons reconnu l'état persistant de sa monomanie. Quoi qu'il en soit, j'ai toujours été d'avis que Baumetz avait agi, quoique fou dans certaines limites, dans une condition de lucidité ou de liberté qui a dû le faire condamner.

2e FAIT. — 1820. — PRESTREL (Édouard). — *Folie mélancolique : idées fixes de vanité ayant amené l'idée homicide.*

P. estrel (Édouard), âgé de dix-sept ans, condamné à *mort* pour crime d'empoisonnement, le 6 décembre 1820 ; *mélancolique*, en proie à des idées de vanité, de fortune chimérique et d'amour imaginaire.....

Ce tout jeune homme appartenait à une honorable famille. Il apprenait l'état de droguiste.

Mélancolique égaré, il rêvait richesses, amour d'une inconnue, passait les nuits à faire des calculs de chiffres mal et inutilement rangés, ou à écrire à son inconnue.

Il voulait devenir riche, et il imagina, le 10 septembre 1820, jour de fête chez son père, cultivateur à Montigny, d'empoisonner parents et invités au nombre de dix-sept. Il faut remarquer qu'à ce repas n'assistait pas toute la famille, qui était nombreuse : or ses vues d'héritage ne pouvaient être satisfaites ; il mêla au potage une dose considérable d'arsenic, qu'il venait de broyer sans précaution dans la cour, et dont le premier effet fut d'empoisonner les poules.

La manière de s'y prendre était aussi insensée que son action était criminelle et inutile.

L'avocat plaida avec raison la folie ; cependant il n'y eut pas de consultation médicale.

Prestrel se montra stupide pendant les débats de l'audience, et ne sut ni expliquer, ni excuser son affreuse action ; ses juges crurent à la dissimulation, et ne crurent pas à la folie : il fut condamné à *mort*.

La manière dont il devança lui-même l'arrêt de la justice est de nature à éclairer sur le mérite de cette condamnation.

Un autre prisonnier, militaire, aussi condamné à mort, lui conseilla de s'empoisonner. Prestrel résista et ne céda qu'à la contrainte, puisqu'il n'avala même pas le liquide empoisonné avec du sublimé ; le séjour de la préparation dans l'arrière-gorge l'a enflammée et fait gonfler au point qu'il est mort positivement asphyxié, ainsi que l'autopsie que nous en avons faite nous l'a démontré.

Cette autopsie a décelé un autre fait plus intéressant au point de vue médical : c'est un épaississement, une inflammation et des adhérences entre les membranes qui enveloppent le cerveau.

Le docteur Dannecy, de Paris ; les docteurs Blanche, Giret et moi, avons reconnu l'existence d'une maladie chronique du cerveau.

Ce suicide est évidemment un acte de faiblesse et de folie consommé sous la pression de la violence.

3° FAIT. — 1829. — LEPETIT. — *Monomanie incendiaire déterminée par une croyance folle.*

Lepetit, âgé de soixante-trois ans, condamné à mort le 21 juillet 1829, a été exécuté à Montivilliers le 15 octobre.

Il a incendié et fait incendier, et ce n'était pas une force irrésistible qui l'y aurait poussé pour voir du feu ou faire du mal ; c'était par suite d'un système né de mauvaises études physiques faites par une intelligence malade.

Il peut être comparé à ce pauvre Barbier, si connu à Rouen, et qui prenait le titre d'*atmosphéro-dominateur*.

Lepetit était un homme de haute stature, se tenant très droit, prenant un air supérieur et se croyant très habile en chimie, astrologie et médecine.

Il vivait seul dans sa propriété, couché dans un *trou* fait dans le mur, ayant dans sa chambre un grand nombre de fioles, pots, où il préparait des recettes, philtres, selon l'indication du grand Albert l'alchimiste. Il croyait sérieusement pouvoir guérir toutes les maladies, et il m'a donné à moi-même des recettes folles comme sa pauvre tête, et cela avec un ton et une assurance à peindre.

Lepetit a mis le feu dans plusieurs fermes, et cependant il n'a été condamné que pour deux incendies chez le même fermier.

Après avoir eu beaucoup de peine à gagner sa confiance, et à force de questions, nous sommes parvenu à savoir le véritable motif des incendies qu'il a commis : « c'est que ses études l'avaient conduit à découvrir qu'il fallait *réchauffer la terre* qui se *refroidissait* ; c'est encore que ses réflexions politiques lui avaient découvert que cela était utile au règne du roi qu'il aimait, et pouvait le maintenir roi. »

Lepetit eut assez d'empire sur une jeune servante de ferme, la fille Hauchecorne, qui fut aussi condamnée à mort en même temps que lui, pour la forcer à mettre le feu chez ses maîtres. La frayeur qu'il lui avait inspirée comme *sorcier* bien connu, disait-elle, dans le pays, l'a seule empêchée d'en prévenir ceux-ci.

Le malheureux eût été certainement brûlé au XVIIe siècle ; au XIXe il a été guillotiné !

Les effets produits par la lecture de ce terrible arrêt sur le condamné eussent seuls dû faire constater la folie. Lepetit manifesta l'orgueil et la satisfaction d'un homme supérieur qui n'est pas compris ; il montra le fanatisme d'un prophète acquittant sur la terre, au prix du martyre, une mission confiée par le ciel.

Il paraît que dans l'instruction, et pendant les débats de cette affaire présentée dans un moment où le crime d'incendie s'était montré fréquent, chacun s'est abstenu de soulever la question de folie ; cependant n'était-ce pas le cas de consulter la science spéciale ?

4ᵉ FAIT. — 1838. — PAUTARD. — *Habitudes bizarres ; mélancolie.*

Pautard, âgé de 61 ans, condamné, le 3 février 1838, à huit années de travaux forcés pour crime de résistance à la force publique, présente un cas de monomanie et de bizarreries de plusieurs espèces, équivalant à la folie.

Ce vieillard était petit, infirme, à figure très plissée, sans barbe, à voix efféminée et d'une loquacité de pie.

Visité avec l'idée que ce pouvait être une femme, nous l'avons trouvé *sans sexe*, ou portant seulement les attributs d'un garçon de *six ans*.

Pautard vivait isolé, se défiait de tout le monde, était disposé à chicaner ses voisins ; mais il tenait à honneur de ne rien devoir, et croyait ainsi que personne n'avait droit chez lui et sur lui ; son état de marchand de parapluies ambulant le faisait voyager souvent ; alors il entravait ses portes avec grand soin, et sortait par une petite fenêtre qu'il fermait à sa manière.

Son propriétaire voulait reprendre sa maison ; mais Pautard n'en tenant pas compte, celui-là obtint un jugement d'expulsion.

Ce jugement fut considéré par Pautard comme *faux* et rendu par de *faux* juges.... Partant de là, il conçut le dessein d'empêcher qu'on n'entrât chez lui pour l'expulser. Il répétait : « Je paie bien mon propriétaire ; personne n'a le droit de me faire sortir de ma maison. »

Il inventa donc une explosion avec un pistolet rouillé ; le coup partit lorsqu'on ouvrit la porte pour faire l'expulsion. De là, crime de résistance à la force publique.

Aucun homme spécial n'a été consulté par la justice sur ce cas qui offrait cependant d'assez graves présomptions de folie ; l'avocat seul a jugé convenable de faire appeler le médecin à l'audience et de l'interpeller.

Après la condamnation de Pautard, je l'ai vu plusieurs fois ; il se croit toujours honnête homme, ne devant rien à personne, et victime d'un faux jugement, condamné par de faux juges. Il est toujours resté bizarre ; seulement, la vieillesse, qui l'a atteint depuis sa mise en liberté, a modifié le caractère de sa folie et a fait du fou mélancolique et monomaniaque un fou stupide.

5ᵉ FAIT. — 1840. — DAMOURETTE. — *Stupidité ordinaire et manie avec accès de fureur.*

Damourette, condamné, en août 1840, par la cour d'assises, à cinq années de réclusion, pour coups portés à sa mère.

Cet homme était connu dans tout le pays comme fou ; il querellait sans cause et surtout ses parents ; il avait souvent de véritables accès de fureur.

Pour en être débarrassé dans la commune, où il était craint sans doute, aucun témoin ne dit cela à l'audience. En prison, nous avons pu nous assurer de l'état d'imbécillité ordinaire de Damourette, et nous avons constaté des accès de manie furieuse et d'hallucinations qui ont nécessité de notre part un rapport à l'autorité administrative. Le 24 septembre 1840, Damourette a été conduit à Saint-Yon ; il y est mort le 4 mars 1843, toujours fou. L'autopsie a fait voir un cancer au cerveau.

Sa mère est atteinte de folie ; son frère, qui l'est aussi, est aujourd'hui à l'asile des aliénés.

6ᵉ FAIT. — 1840. — TOQUEVILLE.

Toqueville, ancien officier de marine, condamné en 184
à cinq ans de réclusion pour vol d'église.

Je ne l'ai pas observé moi-même : il a passé inaperçu pendant le peu de temps qu'il est resté à la maison de justice, et il a subi sa peine à Gaillon.

M. le docteur Desjardins, médecin de la prison du Havre, qui avait beaucoup connu Toqueville comme officier de marine, ainsi que sa très honorable famille, me fit savoir, par une lettre en date du 27 janvier 1841, que ce malheureux était atteint de folie, et que, dès 1813, cette folie l'avait porté à se croire des talents supérieurs comme acteur et chanteur ; il était assez bel homme, et il avait la fatuité de le faire remarquer.

Soutenu par l'idée des ressources et surtout de la gloire qu'il pouvait tirer de ses talents, exploité d'ailleurs par des *amis* qui flattaient son fol amour-propre et partageaient ses excès, Toqueville dissipa une assez belle fortune, et bientôt on vit l'ancien officier de marine devenu chanteur ambulant, heureux de son sort et glorieux en écoutant les bravos ironiques de ses auditeurs. Les honnêtes gens qui l'avaient connu dans une position honorable le plaignaient et souhaitaient qu'il fût renfermé parmi les fous.

Plus tard, il paraît que ses idées maniaques le portèrent à exercer une vengeance sur la société qui ne l'appréciait pas, et son premier acte fut une soustraction dans une église ; c'est pour cela qu'il fut condamné, car il n'a jamais volé ailleurs.

Un renseignement qui m'est parvenu à la date du 15 octobre dernier m'a appris la suite de l'histoire du malheureux Toqueville. A sa libération il a été recueilli par une honorable personne de sa famille; depuis, la faiblesse et la maladie de l'intelligence ont toujours augmenté, et aujourd'hui il est tombé dans l'*idiotisme*.

C'est ainsi que finissent les folies du genre vanité, fatuité....

7ᵉ FAIT. — 1843. — BÉJARD. — *Mélancolie, hallucinations, idée homicide.*

Béjard, officier espagnol réfugié, condamné, le 17 août 1843, aux travaux forcés à perpétuité, pour tentative d'assassinat et de vol, est un fou maniaque atteint d'hallucinations et de monomanie religieuse.

M. l'abbé Poidevin, aumônier des prisons de Rouen, a connu cet homme. Il m'a assuré que, bien avant le crime, il était constamment triste et isolé; que ses manières et ses paroles présentaient des singularités frappantes : ainsi, il allait tous les jours à l'église, et il y restait pendant trois et quatre heures, à genoux, droit et immobile comme un extatique. Du reste, les circonstances du crime de Béjard étaient celles-ci : Un soir, en sortant du théâtre, il suivit une personne qu'il ne connaissait pas, lui demanda de l'argent et la frappa de plusieurs coups de rasoir dans le ventre, qui, heureusement, ne firent pas périr la victime. Béjard fut aussitôt arrêté, car c'était au moment où tout le monde sortait du spectacle.

Béjard était-il fou au moment où il a consommé son crime? C'est sur quoi je n'ai pas à prononcer, puisque les médecins n'ont pas été consultés; mais il était certainement fou au moment où il a été jugé.

Pendant son séjour dans la maison de Bicêtre, depuis son arrestation, cet homme n'avait pas cessé de donner des signes évidents de folie : il ne parlait plus que de sa femme et de ses enfants; il les entendait, voulait aller les voir; il essaya un jour de franchir un mur dans l'intérieur de la prison en risquant de se tuer.

Maintenant Béjard simulait-il la folie? La réponse est simple : j'ai entre les mains une lettre du médecin du bagne de Brest, qui atteste qu'il est encore fou à cette heure.

Le consul d'Espagne, qui avait dû prendre des renseignements dans son pays sur la personne de Béjard, avait fait connaître à la justice que la folie s'était déjà manifestée dans cette famille, et que le père de Béjard, notamment, était mort fou.

§ II. FAITS CRIMINELS.

Accusés acquittés en cour d'assises ou renvoyés par la chambre de mise en accusation : acquittés, 6 ; renvoyés, 4.

Accusés acquittés.

1ᵉʳ FAIT. — 1822. — LEVAILLANT (Charles-Philippe). — *Démonomanie, fureur instantanée.*

Levaillant (Charles-Philippe), âgé de vingt-huit ans, a été acquitté pour cause de *démence* (1).

Cet homme présentait le cas d'une *folie instantanée*, dont le premier acte avait été un *meurtre*.

Deux frères Levaillant (Louis-Nicolas et Charles-Philippe), ouvriers tisserands, demeuraient ensemble à Hautot-Saint-Sulpice. Le premier était devenu fou *démonomaniaque* depuis qu'il avait été refusé par une jeune fille du pays ; il se disait possédé, tourmenté, et l'on attribuait comme lui, dans la famille et sans conteste, ses agitations, ses souffrances et ses plaintes, au sort jeté par le *diable*.

Lors de ses crises, de ses agitations et de son délire, le pauvre fou faisait mettre en prières toutes les personnes de sa famille qui ne soupçonnaient pas la folie de leur parent.

Le 12 novembre 1820, Louis Nicolas se leva à la pointe du jour, et se sentit obsédé par le diable ; il fit mettre son frère en prière avec lui, annonçant que le diable allait venir le prendre, qu'il l'entendait en ce moment même. Par un hasard malheureux, un oncle nommé Duvallet, et un autre frère

(1) Pour la science, la *démence* est l'affaiblissement de toutes les facultés et instincts ; ce n'était pas le cas chez cet homme, qui n'a été privé de sa liberté morale que pendant fort peu de temps ; la loi se sert d'expressions dont aucune n'est applicable à ce sujet.

nommé Victorien, amenés pour affaire, frappent à la porte : aussitôt le fou ne doute plus ; *il voit le diable*, il est exaspéré, et Charles Philippe, excité par son frère, et non moins effrayé que lui, est pris de délire furieux ; il se saisit d'un couteau, et va ouvrir la porte, bien déterminé à tuer le diable : en effet, il frappe de son couteau qui se présente, et c'est avec peine qu'on arrive à contenir les deux frères.

L'exaspération mentale de Charles Philippe dura seulement quelques jours; peu à peu il revint à lui et tomba dans une profonde tristesse, lorsqu'il sut à quels actes il s'était livré. Ce garçon était très doux, laborieux, bon parent, et rempli des meilleurs sentiments.

Une consultation médicale constata le cas d'un accès de *folie instantanée* et le retour à l'état normal de l'intelligence : plus tard, à l'audience, ma déposition a réitéré l'assurance de ce fait.

Il est remarquable que dans cette affaire la question de démence n'a pas été posée au jury, et que le jury s'est de lui-même prononcé ainsi :

« Oui, Levaillant a commis les actes qui lui sont imputés, » mais il était dans un état de *démence*. »

En conséquence de cette déclaration, la Cour mit Levaillant à la disposition de l'autorité administrative.

Après son acquittement, cet homme est demeuré pendant deux ans en observation sous mes yeux, et jamais il n'a donné signe de folie.

L'autre est resté longtemps fou à Saint-Yon, où il est mort.

2ᵉ FAIT. — 1823. — CHATONNIER.

Chatonnier, âgé de quarante ans, arrêté comme incendiaire en 1823, a été renvoyé de la plainte par la chambre de mise en accusation, qui a ordonné en même temps qu'il fût procédé à son interdiction.

Sur la réquisition des magistrats, les médecins ont constaté que cet homme était un *mélancolique démonomaniaque*, se croyant victime d'un *ensorcellement* pesant à la fois sur lui et sur la maison qu'il habitait ; il y mit le feu parce que le propriétaire ne voulant pas résilier son bail, il avait conclu du refus que c'était celui-ci qui lui avait jeté un sort.

Un petit héritage survenu, et un procès à la suite, peuvent être regardés comme la cause qui a jeté Chatonnier dans une mélancolie qui, aggravée du délire, l'a poussé au crime.

Dès son premier interrogatoire, Chatonnier eût pu être envoyé dans un asile d'aliénés.

3ᵉ FAIT. — 1828. — *Monomanie par crainte de la mort ou des empoisonnements.* — Veuve VAILLANT.

Veuve Vaillant de Saint-Germain, âgée de cinquante-deux ans, acquittée le 15 décembre 1828 par la Cour d'assises.

Cette dame, atteinte d'une *monomanie mélancolique*, croyait qu'elle était l'objet d'un complot tendant à l'empoisonner.

Arrivée à l'âge mûr, elle vit probablement avec chagrin les traces du temps s'imprimer sur sa personne ; elle était devenue jaune, sa peau était graisseuse.

Elle conçut d'abord de la défiance contre ses enfants, et inventa des prétextes pour les éloigner, mais sans rien dire du vrai motif.

Plus tard madame de Saint-Germain n'hésita plus, et elle accusa ouvertement diverses personnes, et d'abord ses domestiques, d'empoisonner ses aliments.

Elle avait pris pour homme d'affaires un M. Heude, vieillard qui avait été avocat : comme il était dans une position précaire, elle lui donna asile chez elle, ainsi qu'à sa femme, mais sur le ton d'une haute protection.

Peu après, le soupçon de madame de Saint-Germain se porta sur madame Heude, et elle imagina de la retenir dans sa chambre ; il eût été facile à cette pauvre femme de se soustraire à cette singulière détention ; mais vieille et faible, et son mari croyant, ou paraissant croire à sa culpabilité, elle se soumit à la séquestration ; il y avait déjà longtemps que cela durait, au vu et au su des voisins auxquels elle pouvait parler, lorsque la justice se mêla sérieusement de cette affaire.

Madame de Saint-Germain fut incriminée, ainsi que M. Heude; celui-ci fut condamné à la prison perpétuelle, et madame de Saint-Germain *acquittée* par le jury qui la jugea facilement *folle*, malgré un réquisitoire et un plaidoyer qui combattaient vigoureusement la folie.

Rien ne fut plus curieux que d'entendre et de voir se défendre cette madame de Saint-Germain ; elle devenait furieuse lorsqu'on la disait folle, et son avocat fut par elle fort maltraité ; ses apostrophes au président étaient pleines d'esprit, d'à-propos et de vigueur :

« Je défends ma tête et mon honneur, moi, monsieur le président, et vous me parlez des usages de la cour d'assises ! Est-ce qu'une femme de ma qualité connaît vos usages ?... Je veux parler !! »

En vérité, il y avait ici lieu de plaindre les magistrats qui se crurent obligés d'infliger l'avanie d'une cour d'assises à une telle folle. Ils eussent pu faire constater la folie par les médecins, ce qui eût été bien aussi certain que d'attendre la déclaration du jury.

L'effet produit sur madame de Saint-Germain par son acquittement fut le sentiment d'une satisfaction orgueilleuse ; ce qu'elle en comprit fut que la réalité de ses soupçons était justifiée et qu'elle devait poursuivre ses empoisonneurs.

Il en résulta une nouvelle exaltation qui, développant encore son état général de folie, entraîna, peu de temps après, une mort prématurée.

4ᵉ FAIT. — 1831. — Femme Toussaint. — *Folie incendiaire instantanée.*

Femme Toussaint, âgée de 34 ans, incendiaire acquittée le

19 février 1831 par le jury et mise en liberté immédiate, présente un cas de *folie instantanée*.

Cette femme connaissait les relations de son mari avec une jeune fille ; on lui dit qu'il va partir avec elle, et, pour s'en assurer, elle va un soir trouver son mari à la ferme où il était charretier, entre dans l'écurie où elle ne trouve pas tous ses vêtements.

Cette découverte lui fait croire à la fuite dont elle est prévenue, et aussitôt, passant à un état de jalousie et d'exaspération capable de dominer la raison, elle conçoit et exécute à l'instant le dessein de mettre le feu à l'écurie où devait arriver bientôt son mari, et elle attend ; mais effrayée par les flammes qui embrasent le bâtiment, la femme Toussaint se sauve et déclare aussitôt que c'est elle qui vient de mettre le feu, — retrouvant alors la réflexion un instant maîtrisée.

Ici, il faut le dire, le jury ne se prononça que sur l'opinion des médecins, qui avaient constaté chez la femme Toussaint le cas d'une *folie instantanée*.

5ᵉ FAIT. — 1833. — GRENIER. — *Mélancolie ; idée homicide.*

Grenier, âgé de 39 ans, inculpé de meurtre sur sa femme, renvoyé le 23 mai 1833, par la chambre des mises en accusation, pour être mis à l'asile des aliénés.

Ce malheureux était victime d'une folie précédée et compliquée d'épilepsie.

Sans travail, ayant des enfants, et possédant de bons sentiments, l'épileptique est devenu triste, insouciant à tout, et bientôt une idée folle est devenue *fixe*. — Il s'est cru suivi et poursuivi par un ennemi qui lui ôtait le travail, ou l'empêchait de travailler.

Des actes de folie l'ont fait arrêter et condamner à quelques jours d'emprisonnement pour voies de fait en 1832, et en 1833 il a été pris de fureur et a tenté de tuer sa femme.

La justice avait consulté les médecins, et Grenier les aura

sans doute suffisamment justifiés à ses yeux, puisqu'il est mort à Saint-Yon le 31 mai 1841.

Si cet homme avait été secouru et soigné dès l'origine, il n'eût pas été victime de la misère et de la maladie ; c'était à la médecine plutôt qu'à la justice qu'il aurait fallu le confier.

6ᵉ FAIT. — 1834. — Fille LOZAY. — *Mélancolie, stupidité, infanticide.*

Fille Lozay, âgée de 32 ans, arrêtée pour crime d'infanticide le 10 février 1834, acquittée et renvoyée à l'hospice des aliénés.

Cette fille présentait le cas d'idiotisme à un certain degré, ou *stupidité*; pauvre et simple fille de campagne, elle avait eu un enfant à l'âge de 26 ans, qu'elle avait élevé avec soin en travaillant. Le manque de travail, la misère endurée par elle et par son enfant, l'avaient rendue mélancolique, lorsqu'elle devint enceinte une deuxième fois.

Voyant pour elle et deux enfants la misère de plus en plus grande et insupportable, elle a été poussée à l'infanticide par une idée devenue fixe.

Cette idée impérieuse a pu facilement dominer une intelligence lente à développer ses idées et à faire un raisonnement.

Le crime commis et resté inconnu est bientôt devenu un remords pour la fille Lozay, qui ne peut plus vivre ; son esprit se dérange tout à fait, et *elle veut être punie ;* elle va se dénoncer elle-même, et partout et toujours, elle demande punition comme une faveur. Elle était devenue *tout à coup* folle idiote.

Les faits de ce genre portent à se demander pourquoi, lorsque les magistrats sont éclairés des conseils des hommes spéciaux, n'évitent-ils point à de pareils malheureux la torture des assises? pourquoi vont-ils demander à un jury ce qu'ils peuvent décider par la chambre des mises en accusation ? Cette réserve peut avoir des motifs graves et, dans certains cas, prépondérants; mais certes, dans le cas de la fille Lozay, on ne peut comprendre que la chambre des mises en accusation ait cru ne pas pouvoir prendre sur elle d'envoyer directement cette malheureuse à l'asile des aliénés.

7ᵉ FAIT. — 1837. — LEBARON. — *Monomanie incendiaire.*

Lebaron, âgé de 14 ans, incendiaire, acquitté le 25 novembre 1837, était un *monomane incendiaire*, par instinct, surexcité et dépravé.

Cet enfant vit un jour un incendie considérable, et fut impressionné par le feu, mais plus encore par l'appareil des pompes, le concours de tous les efforts et par le mal qu'il s'est donné lui-même pour éteindre le feu.

Son imagination lui représentait sans cesse ce tableau, et la persistance de l'idée le poussa à faire recommencer la scène en mettant le feu chez son maître, après toutefois une longue résistance au mal.

Il paraît que ceci lui occasionnait un si grand bonheur, qu'il recommença jusqu'à trois fois, et toujours en appelant au secours et s'employant à éteindre l'incendie.

Après avoir été retenu quelque temps dans le quartier correctionnel de la maison de détention, et après s'être fait remarquer par son intelligence et sa bonne conduite, le jeune Lebaron fut placé d'abord chez M. l'abbé Denize, et le 3 juillet chez le sieur Benoît, maréchal à Buchy.

Pendant assez longtemps, le jeune Lebaron s'abstenait de porter une chandelle à sa main, de descendre à la cave ou de monter au grenier le soir avec une lumière, dans la crainte d'être poussé à mettre le feu.

Le souvenir de l'audience où il fut placé entre les mains de l'autorité jusqu'à l'âge de vingt ans, comme ayant agi sans discernement, a laissé chez cet enfant, à ses propres yeux, une trace de déshonneur qui le poursuivra toujours.

J'ai eu l'occasion de voir que la monomanie incendiaire est assez fréquente chez les enfants; il y en a toujours dans la prison, fille ou garçon.

8ᵉ FAIT. — 1845. — LAMBERT. — *Folie mélancolique ; fureur instantanée.*

Lambert, âgé de quarante ans, meurtrier, renvoyé par la chambre des mises en accusation, le 3 août 1845 ; *folie mélancolique ; fureur instantanée.*

Cet homme, bon domestique (berger) depuis un grand nombre d'années dans la même ferme, fut mordu par le petit chien de la maison ; ce chien avait été mordu lui-même, en même temps que beaucoup d'autres animaux qu'on crut devoir abattre.

Lambert, inquiet de sa morsure, se mit aussitôt en peine de faire tous les remèdes possibles. A Eu, il va manger l'omelette préparée par une personne qu'on prétendait posséder un remède de famille.

Ailleurs, il va faire des neuvaines.

Enfin, Lambert perd le sommeil et l'appétit ; il est dominé par la crainte de la rage ; il néglige ses devoirs et s'attire des reproches de la part de sa maîtresse.

Un jour, il veut aller compter ses gages avec sa maîtresse, ce qui était contre l'usage et le bon sens ; un nouveau reproche lui est adressé. Lambert répond brutalement en divaguant ; aussitôt il se saisit d'une hache, la tourne contre sa malheureuse vieille maîtresse qui tombe pour ne plus se relever. Il sort, brise la barrière, tue une femme qui passait dans le chemin, et se dirige sur d'autres personnes. Heureusement un voisin arrive armé de son fusil, tire sur lui, l'atteint dans les jambes et le fait tomber.

Pendant son séjour dans la prison, Lambert a toujours été triste, mélancolique ; il nous a paru qu'il avait été longtemps à comprendre à quelle fureur il avait été en proie.

Sur l'avis des médecins, il fut renvoyé successivement à Neufchâtel, pour être interdit, et ensuite à l'asile des aliénés, le 15 septembre 1845 ; il est encore à Saint-Yon, en 1852, à l'heure où j'écris. Le malheureux pourra-t-il en sortir ?

9ᵉ FAIT. — 1846. — COQUEREL. — *Démence et accès de fureur.*

Coquerel, âgé de vingt-trois ans, arrêté pour coups portés à sa mère, et renvoyé par la chambre des mises en accusation, le 28 décembre 1846.

Ce garçon était connu dans son pays comme fou ; c'était un fait avéré, et sa folie allait quelquefois jusqu'à la fureur ; il en vint à frapper sa mère ; on l'arrêta.

Les médecins consultés et entendus, il fut renvoyé à Saint-Yon, où il est encore à cette heure, et toujours fou.

10ᵉ FAIT. — 1852. — LEMETTAIS (Femme). — *Mélancolie chronique ; idées fixes ; délire instantané ayant conduit à un infanticide.*

Femme Lemettais, accusée d'infanticide, renvoyée par la chambre des mises en accusation, le 28 février 1852, après quatre mois et demi d'instruction.

Elle présente le cas d'une mélancolie chronique et d'une *folie instantanée,* sous la pression d'une idée fixe.

Cette malheureuse et très honnête femme de la classe ouvrière était depuis longtemps sujette à de violents maux de tête, et ses facultés intellectuelles, peu fortes, étaient dominées par des idées mélancoliques, qui la portèrent un jour au suicide ; dans ces conditions, elle éprouva le chagrin d'avoir un enfant rachitique, qui est devenu difforme, et qui lui a causé beaucoup de fatigues, d'insomnies et d'argent pendant sa maladie. Un deuxième enfant, qu'elle avait mis en nourrice, fut par elle repris à l'âge de deux ans. Bientôt elle s'imagina voir naître les premiers symptômes de la maladie de son premier enfant. Cela la mit dans un état permanent d'*idées fixes;* quelles que fussent les observations rassurantes des médecins, elle ne vit pour son enfant que douleurs et infirmités, et pour elle que peine, chagrin et misère.

Un jour, sans doute obsédée par ces pensées, après avoir

paisiblement dîné avec son mari, honnête ouvrier typographe, il lui arrive l'idée de tuer son enfant. Privée de toute faculté réflective, et poussée par une force irrésistible, elle amène son enfant au loin de la ville, sur le bord de la Seine, et, en plein jour, elle le précipite dans le fleuve. Il lui a fallu faire une marche d'un quart de lieue ou 1,000 mètres.

Aussitôt le crime commis, la femme Lemettais commence à s'apercevoir de l'énormité de son action ; elle va se réfugier dans une église, et, peu après, elle se présente au corps-de-garde de l'Hôtel-de-Ville, raconte ce qu'elle vient de faire, poussée, dit-elle, et n'ayant fait aucune des réflexions tardives qui accompagnent son récit.

Sur l'initiative de M. Censier, juge d'instruction, une première commission de médecins est consultée, et, après un mûr examen, cette commission a reconnu que la femme Lemettais, ordinairement mélancolique, avait commis ce déplorable crime dans un accès de délire homicide *instantané* et sous l'influence d'une monomanie.

Plus tard, la chambre des mises en accusation a ordonné un supplément d'instruction et l'a confié à M. Lévisse, conseiller ; celui-ci a voulu entendre les médecins, après avoir reçu le rapport d'une deuxième commission qui a pensé comme la première. C'est après ces graves enseignements que la chambre des mises en accusation s'est crue suffisamment autorisée à décider du sort de l'accusée, et qu'elle a ordonné *immédiatement* la mise en liberté de cette malheureuse femme infanticide.

Les médecins eussent désiré la condition d'un certain temps de séjour dans une maison de santé. Dans tous les cas, ils ont vu avec satisfaction quelle importance la Cour avait attachée à leur avis, et ils ont vu dans la marche suivie un progrès en faveur de l'influence de la médecine mentale, qui mérite d'être connu pour être imité.

§ III. FAIT CRIMINEL.

Cas de folie simulée.

1828. — Picard (Augustin-Frédéric). — *Simulation prouvée par le médecin.*

Picard (Augustin-Frédéric), âgé de trente-sept ans, teinturier, demeurant à Yvetot, fut accusé de banqueroute frauduleuse en 1828.

Aussitôt son arrestation, cet homme se livra à des actes extravagants, et l'on put le croire fou ; cependant il fut envoyé à la maison de justice pour passer en Cour d'assises ; mais, préalablement, M. le procureur-général me chargea de l'observer et de donner mon avis.

Transporté sur ma demande à Bicêtre, le 13 septembre, afin d'être plus facilement observé et traité, s'il y avait lieu, j'acquis bientôt la certitude d'une simulation soutenue avec une persévérance et un courage remarquables, mais marquée par une trop grande variété dans les actes de folie.

Dans un rapport écrit, et à l'audience de la Cour d'assises, où Picard se livra à toutes sortes d'excentricités, je donnai longuement les motifs de ma conviction fondée sur l'incohérence elle-même, des idées folles, un silence obstiné devant moi, une agitation du pouls et une inquiétude visible causées par mes questions, enfin par des expériences douloureuses supportées sans aucune manifestation de douleur, lorsque des preuves de sensibilité physique avaient été d'avance acquises à l'insu du trompeur, la Cour d'assises a condamné Picard à cinq ans de travaux forcés et à l'exposition.

Le 17 septembre, jour fixé pour l'exposition, Picard se livra à de nouveaux actes extravagants ; on retarda l'heure ; mais, sur ma nouvelle attestation d'une simulation certaine, l'arrêt ut exécuté.

Renvoyé de nouveau à Bicêtre, parce que, continuant ses actes de folie, Picard était insupportable aux autres prisonniers, j'eus toute facilité pour me convaincre de la rare ténacité de cet homme. Cependant il dut aller reprendre la chaîne à Alençon le 9 août 1829; mais là, on le crut fou, et, après un long séjour, on le renvoya à Rouen.

Je dus encore faire un nouveau rapport à l'autorité administrative, et insister pour faire partir au bagne le trompeur persévérant; il partit définitivement pour Toulon le 7 mars 1830, d'où il a été libéré le 8 décembre 1833.

Jusqu'à la fin, Picard a fait le fou; mais aussitôt rentré chez lui, à Yvetot, il a discontinué son rôle, ce qu'il eût été adroit de ne pas faire, et repris son travail.

J'ai appris depuis que, pour se faire exempter du service militaire, ce même homme avait simulé une incontinence d'urine pendant une année, et supporté les plus durs traitements de ses camarades, auxquels il se rendait insupportable.

Ce fait nous a révélé combien il serait difficile à un homme ordinaire de simuler la folie devant des médecins attentifs, il n'y aurait, je crois, de feinte possible que de la part d'un homme qui aurait bien étudié la folie et les fous.

§ IV. FAITS CORRECTIONNELS.

8 Notices.

1ᵉʳ FAIT. — 1833. — Femme MONTCOURRIER. — *Folie mélancolique n'ayant pas eu d'influence sur la liberté morale dans l'acte reproché.*

Cette personne, très jeune encore, prévenue de vol et de vagabondage, est renvoyée de la plainte par le tribunal d'Évreux, pour cause de démence.

Le ministère public interjeta appel. M. le procureur-général m'écrivit :

« Rouen, le 1ᵉʳ février 1833.

» MONSIEUR,

» La nommée Eugénie Baudelon, femme Montcourrier, récemment transférée de la maison d'arrêt d'Évreux, dans celle de Rouen, a été aujourd'hui traduite devant la Cour, comme prévenue de vol et de vagabondage.

» Le tribunal d'Évreux, en reconnaissant la vérité des faits qui lui étaient imputés, avait pensé qu'il n'y avait lieu à lui faire l'application de la loi pénale, parce qu'il l'avait considérée comme étant, au moment de l'action, dans un état de démence. La Cour, sur l'appel, n'a pas trouvé dans l'instruction la preuve de cet état de démence au moment de l'action qui, relativement au vol, se plaçait au mois de septembre 1830. Mais il lui a paru qu'il y avait incertitude sur l'état actuel des facultés intellectuelles de la prévenue; et comme un aliéné ne pourrait être jugé, même pour un fait antérieur à l'aliénation, parce qu'il serait hors d'état de se défendre, elle a remis l'affaire à un mois, en ajoutant que, pendant ce délai, le ministère public prendrait les mesures nécessaires pour faire constater l'état actuel des facultés intellectuelles de la femme Montcourrier.

» En conséquence, Monsieur, je vous prie de vouloir bien observer avec soin cette femme, pendant le court délai fixé par la Cour; prendre, pour parvenir à vous faire une opinion sur le point à décider, tous les moyens que vous suggéreront votre art et vos lumières, et m'adresser votre rapport pour le 22 de ce mois. Les motifs que vous y développerez éclaireront la Cour sur la question dont elle n'a pu prendre sur elle la décision.

» Recevez, Monsieur, l'assurance de ma considération la plus distinguée.

» *Pour le procureur-général du Roi, le premier avocat-général,*
» A. DAVIEL.

» *P. S.* Je dois vous prévenir qu'il est à craindre qu'elle ne simule l'aliénation, et j'ajoute qu'il serait utile que, dans le cas où l'aliénation actuelle vous paraîtrait établie, vous voulussiez bien émettre votre opinion sur le point de savoir si la cure serait possible, et pour quel temps on pourrait l'espérer. »

Après avoir examiné avec soin l'état mental de la femme Montcourrier, je rédigeai ce rapport :

« Je soussigné, docteur en médecine, médecin en chef des prisons, certifie, sur la réquisition de M. le procureur-général, avoir visité la nommée Eugénie Baudelon, femme Montcourrier, actuellement détenue à Bicêtre, et fait sur son état mental les observations demandées par la lettre de M. le procureur-général, en date du 1er février (n° 1984) dernier. Voici ce qu'elles sont :

» La femme Montcourrier paraît âgée de trente-deux à trente-quatre ans ; elle jouit d'une bonne santé, et semble avoir un tempérament nerveux ; son langage et ses formes la font ressortir du commun des femmes de sa condition (ouvrière en couture), ce qui annonce quelque éducation, l'habitude du monde, et un entendement sain, mais ce qui, toutefois, n'interdirait pas la folie ; son *caractère*, dominé par son tempérament nerveux, irritable, et changé peut-être par la misère, le chagrin, les passions ou l'inconduite, paraît aujourd'hui assez difficile ; elle s'emporte facilement, devient haute ou dédaigneuse, selon les questions qui lui sont faites, ou selon les personnes qui s'adressent à elle ; souvent elle paraît sombre, préoccupée, et semble éviter les causeries des autres femmes, pour lesquelles elle a d'ailleurs du mépris.

» Pendant les premiers jours de son arrivée à la prison, la femme Montcourrier était défiante, et elle semblait folle aux prisonnières ; aujourd'hui, elle ne paraît plus aussi défiante, elle est moins exigeante et ne semble plus que *drôle* à ses compagnes ; elle avait d'abord refusé d'entrer à l'infirmerie parce qu'elle la trouvait mal composée, et aujourd'hui elle s'y trouve très bien et s'y comporte d'ailleurs convenablement ; elle demande de l'ouvrage, travaille et entend fort bien ses intérêts.

» Jusqu'alors la femme Montcourrier a refusé de me dire qui elle était : des motifs graves l'empêchent, dit-elle, de le faire actuellement ; mais bientôt elle pourra le faire, parce que des personnages importants lui donneront de leurs nouvelles.

» Ce mystère n'est-il qu'une feinte, ou bien est-il le résultat d'une folie circonscrite dans quelques idées erronées ?

» Il est difficile de le dire avec assurance, et je n'ai pas eu assez de temps pour observer ; cependant je suis disposé à croire à l'opinion d'une feinte plutôt qu'à un délire, et que le but est d'avoir un refuge dans la prison pour y cacher sa misère, plutôt que de se soustraire à une condamnation. Quoi qu'il en soit, les réponses, les réflexions, les habitudes, les actions que j'ai remarquées chez la femme Montcourrier me donnent l'assurance qu'elle jouit de toutes les facultés de l'entendement et de *tout son libre arbitre*.

» J'ajoute qu'en admettant même comme vrai le délire ou la bizarrerie qu'elle laisse remarquer, ce délire ne constituerait pas, selon moi, une altération assez considérable de l'intelligence, pour détruire le sentiment du bien et du mal, et anéantir la *liberté morale*, ce délire n'est pas de la nature des monomanies qui poussent à des actions méchantes *irrésistiblement*, et il ne serait pas admis par nous comme excuse, si nous avions à prononcer comme juré ; ainsi, je dis que si la femme Montcourrier commettait un délit aujourd'hui, un vol, par exemple, ce serait en connaissant bien son action et ses conséquences, et seulement pour en tirer un bénéfice.

» Telle est l'opinion que nous avons prise de la femme Montcourrier, et que nous avons l'honneur de faire connaître à M. le procureur-général comme étant l'expression de notre sincère conviction. »

La femme Montcourrier, reconnue coupable sans circonstances aggravantes, a été condamnée par la Cour à un an d'emprisonnement.

* FAIT. — 1836. — Femme CHAUVE. — *Folie hypocondriaque*.

Femme Chauve, amenée à Bicêtre en novembre 1836, inculpée de vol d'effets et condamnée, en police correctionnelle, à une année d'emprisonnement.

Je dus, sur la réquisition de l'avocat général, adresser au parquet le rapport que voici :

« Je soussigné, docteur en médecine, médecin en chef des prisons, certifie, sur la réquisition de M. l'avocat général, avoir observé la femme Chauve, actuellement à l'infirmerie de la maison de détention, et avoir pris cette opinion sur l'état de l'intelligence de cette femme :

» Si la femme Chauve n'est pas folle ou maniaque, selon l'acception rigoureuse du mot, elle est au moins *hypocondriaque* et *mélancolique*; comme les hypocondres, elle se croit atteinte de diverses maladies, et particulièrement de celle des vents, qui, dans les voyages qu'elle leur fait faire, occasionnent dans la tête, dans le ventre, dans les épaules, etc., des douleurs qui ne sont jamais pour elle ordinaires et supportables, mais, au contraire, extraordinaires, affreuses, épouvantables, et la mort va s'ensuivre incessamment.... Cependant elle vit toujours, mange bien, digère bien ; comme les hypocondriaques, la peur de la mort et les souffrances qu'elle éprouve ou qu'elle attend la tiennent éveillée, et il est très vrai qu'elle ne dort presque pas, qu'elle passe ses nuits assise sur son lit, et qu'elle bavarde sans cesse, se plaint, pousse des gémissements, ce qui oblige les malades, ses voisines, à lui imposer silence.

» Plusieurs fois, les dames religieuses de la maison ont été prises à ses plaintes exagérées, et une fois elles m'ont envoyé chercher en toute hâte ; grande fut leur surprise, lorsqu'en présence d'une crise soi-disant effrayante, devant des plaintes si fortement exprimées, je donnai pour potion calmante une admonestation assez verte et la menace du cachot ; depuis ce jour la femme Chauve supporte plus en silence ses souffrances inexprimables.

» D'un autre côté, je crois que la monomanie des maux en hypocondrie n'est pas la seule qu'on puisse apercevoir chez elle ; il m'a paru, par le récit de ses chagrins, par les recherches continuelles qu'elle fait dans ses nombreux papiers, par les reproches qu'elle adresse aux personnes qu'elle a connues, etc., il m'a paru, dis-je, qu'elle se croit l'objet d'une persécution particulière, et c'est là le genre de *monomanie* que l'on appelle la *mélancolie*, laquelle n'est, au surplus, que l'accompagnement très ordinaire de l'hypocondrie.

» Dans cet état de l'esprit, la femme Chauve est-elle bien libre de ses pensées et de ses actions ? Pour ce qui la concerne, elle seule, il n'est pas de doute pour moi que ses pensées et ses actions sont la plupart entachées de folie.

» Pour ce qui concerne les autres, c'est une autre affaire, et il est fort difficile de le dire, si l'on n'a pas suivi de près, de très près, les personnes et les détails de l'action qu'on peut leur reprocher ; souvent, très souvent, ces pensées et les actions qui les suivent sont saines, bien dirigées, mais quelquefois elles ne le sont pas, et ces exceptions, que je dis encore une fois très difficiles à saisir, peuvent avoir des conséquences graves, si l'action est de nature à passer au jugement des hommes ; car alors on peut innocenter une action méchante et criminaliser une action folle, ce qui est arrivé, par exemple, dans différentes affaires où la médecine ne s'est pas trouvée d'accord avec la magistrature.

» Si je révoque toute responsabilité personnelle, c'est que je ne connais pas l'action reprochée à la femme Chauve ; or, c'est dans cette connaissance bien complète qu'on peut puiser les motifs d'un jugement. Or, comme il ne m'appartient pas de m'initier dans cette connaissance, je me borne, comme médecin consulté, à dire et affirmer que la femme Chauve est un de ces êtres malades qui sont susceptibles de faire quelquefois des actes intellectuels et des actions *bizarres*, *stupides* ou méchantes, par absence accidentelle de *liberté morale.* »

A l'audience de la Cour d'appel, la femme Chauve fut renvoyée de la plainte et mise en liberté.

J'ai eu l'occasion de revoir cette femme dans diverses maisons où elle était en service ; partout elle a donné des signes de folie.

3ᵉ FAIT. — 1846. — GLUTRON.

Glutron, condamné par le tribunal d'Evreux, fait par hasard appel du jugement devant la cour d'appel de Rouen.

Là, l'interrogatoire révèle une présomption d'aliénation mentale, et le procureur-général, M. Salveton, écrit au médecin en chef des prisons, le 26 décembre 1846 :

« Monsieur le docteur,

» Le nommé Glutron, détenu dans la maison d'arrêt de Rouen, est appelant d'un jugement du tribunal correctionnel d'Evreux, qui l'a déclaré coupable de dévastation de récoltes. Les faits reprochés à cet inculpé sont tellement extravagants, qu'il est permis de croire qu'il est atteint de folie ; cependant je ne dois pas vous laisser ignorer que les juges de la localité ont cru pouvoir constater dans leur jugement que Glutron n'était pas privé de l'usage de la raison ; mais l'interrogatoire qu'il a subi devant la Cour m'a autorisé à penser que les premiers juges avaient pu se tromper. J'ai cru devoir, en conséquence, requérir de la Cour un délai pendant lequel je pourrais soumettre Glutron à l'examen d'un homme de l'art. La Cour a renvoyé la décision de cette affaire à quinzaine.

» Je vous prie de profiter de ce délai pour visiter fréquemment Glutron. Je vous ai fait connaître la nature des faits qui lui sont imputés ; à l'aide de ce renseignement, vous pourrez, sans doute, facilement donner à vos recherches la direction qu'elles doivent prendre.

» Vous voudrez bien constater, dans un certificat, le résultat de vos appréciations, et me le transmettre avant que Glutron reparaisse devant la Cour.

» Recevez, monsieur le docteur, l'assurance de ma considération très distinguée,

» Le procureur-général,
» Salveton. »

Après un examen attentif de l'état mental de Glutron, je dus répondre à M. le procureur-général par le rapport suivant :

« Nous soussigné, médecin en chef des prisons de cette ville, chargé par M. le procureur-général d'observer le nommé Glutron, détenu, afin de donner notre avis sur l'état des facultés mentales de cet homme, l'exprimons en ces termes :

» A Evreux, les magistrats et les médecins consultés n'ont pas reconnu d'aliénation mentale chez Glutron, et il a été condamné à deux ans d'emprisonnement pour dévastation dans les champs ; mais les faits reprochés au prévenu ont paru à M. le procureur-général tellement extravagants, qu'il est permis de croire qu'il est atteint de folie.

» Afin de remplir notre mission, nous avons fait placer le détenu, dès le jour de la délégation qui nous a été adressée le 26 décembre dernier, dans l'infirmerie de la prison, où nous l'avons interrogé chaque jour, et où nous avons pu le faire observer jour et nuit ; ensuite nous avons pris connaissance des pièces du procès.

» Considéré au physique, Glutron est un homme de cinquante ans, petit, assez fort, de bonne figure et de bonne constitution. Son sommeil a toujours été calme ; les relations que Glutron a, à l'infirmerie de la prison, avec les autres malades ou infirmiers, ont décelé un caractère doux et soumis ; aucune impatience, aucune plainte, aucune impolitesse n'ont été reprochées à cet homme ; il est dans la prison sans défiance de personne et comme un homme résigné à une position qui ne peut pas durer longtemps et qui lui a causé de l'ennui, plutôt à cause de son désir de reprendre ses travaux qu'à cause de la crainte des suites de son affaire.

» Glutron nous a paru d'abord difficile à deviner dans ses plus intimes pensées ; cependant nous avons remarqué assez facilement chez lui qu'il ne se rend pas le moins du monde compte de sa position de prisonnier accusé d'un délit grave; il ne semble pas croire au jugement prononcé contre lui comme bien sérieux; mais il est disposé à penser que sa liberté lui a été ravie pour le tourmenter, et à *l'instigation de gens qui lui en veulent;* il va jusqu'à croire qu'il peut sortir d'un instant à l'autre, et il s'adresse très sérieusement aux guichetiers, ou aux infirmiers, ou à nous pour le protéger et le faire sortir. « Si vous le vouliez bien, dit-il à chacun, vous me feriez sortir d'ici. »

» Si on lui objecte sa position de délinquant, il répète qu'on se moque de lui, qu'il n'a fait de mal à personne. Si l'on précise les faits reprochés, il sourit et soutient qu'il n'a jamais travaillé que *sur son bien*. Pressé alors pour nous donner des détails sur ce qu'il entend par son bien, nous avons eu beaucoup de peine à obtenir satisfaction sur ce point d'investigation, ici le plus important; mais nous l'avons enfin obtenu. Or, c'est par cette seule réponse que nous avons pu éclairer nos doutes et reconnaître le caractère particulier d'une *folie monomaniaque*.

» Glutron est un pauvre tisserand, qui ne possède rien et se croit propriétaire de beaucoup de morceaux de terre. Sur nos questions réitérées et pressantes, il a fini par nommer quatre communes dans lesquelles il a de la terre. Sont-ce les seules? Peut-être bien, a-t-il répondu. Or, c'est sur ces terres que Glutron a été *travailler*, et qu'il a toujours le plus pressant besoin d'aller travailler.

» Glutron ne peut être l'objet de la haine ou de la jalousie de personne, et il croit qu'il y a dans sa commune une famille composée de frères et de beaux-frères qui veut le perdre, qui est jalouse de sa petite fortune. Idée fausse de propriété, idée fausse de persécution. Telles sont les deux monomanies qui dominent l'intelligence de Glutron, et qui expliquent l'extravagance si judicieusement observée par M. le procureur-général dans les actes de dévastation qu'il a commis. On ne voit pas que ces dégâts aient pu être faits par esprit de vengeance, puisque personne n'a fait de mal à cet homme. On ne voit pas non plus qu'il ait fait profit des fruits de ses dévastations. Où est donc le moteur? Là où il n'y a ni intérêt ni passion, il ne peut y avoir que du délire, et c'est bien un acte de délire que cette razzia de quatre mille choux et cette destruction de récoltes.

» Remarquons ici que si l'on reproche à Glutron d'avoir commis des actes de méchanceté ou de folie, il se défend des uns comme des autres, et attribue à ses ennemis la méchanceté de vouloir le faire passer pour fou.

» Cette défense n'est-elle pas probante de la monomanie? Le plus souvent, les monomaniaques, qui étonnent presque toujours par leur raisonnement trompeur, se défendent avec habileté du soupçon de folie, et souvent ils font des efforts très curieux d'intelligence pour prouver qu'ils ne sont pas fous et justifier ou dissimuler leur délire ; aussi Glutron cherche-t-il à persuader de sa bonne raison autant que sa nullité intellectuelle le permet.

» S'il est arrivé qu'à Évreux les magistrats et les médecins consultés n'ont pas aperçu l'état monomaniaque de Glutron, cela ne surprendra pas ceux qui ont étudié ce genre de maladie folle, car cet homme est du nombre de ceux qu'il est difficile de pénétrer, non pas seulement à cause de la nature des idées fixes qui les dominent, mais encore à cause de la faible partie d'intelligence qui leur est dévolue.

» Il était utile ici de rechercher si le prévenu n'avait pas recours à la simulation ; à ce point de vue, Glutron, nous le pensons, n'est pas doué d'assez d'intelligence pour jouer un rôle aussi difficile ; un homme de cette condition attacherait-il assez d'importance aux suites pénales de son délit pour s'imposer un tel effort de constance et d'esprit ? D'ailleurs Glutron se défend bien d'être fou, et rien, dans les observations de jour et de nuit dont il a été l'objet, ne peut faire croire à la simulation.

» Définitivement, nous pensons que Glutron est depuis longtemps maîtrisé par quelques idées fixes, que ces idées sont arrivées à l'état de délire monomaniaque, et que les actes dont il s'est rendu coupable sont ceux d'un aliéné.

» Rouen, le 5 janvier 1852. »

Le malheureux Glutron, condamné à deux années d'emprisonnement, fut acquitté par la Cour et placé dans une maison de santé par ordre administratif.

4ᵉ FAIT. — 1851. — Femme G.....

Femme G....., entrée le 29 février 1851, condamnée à trois mois.

Par une coïncidence assez bizarre, on voyait au même moment à Bicêtre deux fous condamnés pour le même fait.

L'un était une femme qui avait brisé les portes de la maison de son mari pour aller le délivrer de la tyrannie imaginaire d'une congrégation aussi imaginaire.

L'autre était un mari qui avait assiégé et voulu prendre d'assaut la demeure de sa femme, dans la pensée de la soustraire au joug et aux mauvais procédés dont il la croyait victime loin de lui, et pour la posséder.

Ces deux individus étaient également séparés de corps ; tous deux avaient déjà donné des signes évidents d'excentricité ; ils n'avaient pas plus l'un que l'autre l'idée de la portée et des effets d'une séparation de corps.

La femme, madame G....., avait épousé, fort jeune, un homme déjà âgé ; ce mariage l'avait fait passer d'une condition très humble à une situation très aisée ; après avoir partagé d'abord les habitudes de vivre et les pratiques religieuses de son mari, cette jeune femme en vint à contracter d'autres goûts qui, surexcités par une influence *hystérique*, la poussèrent jusqu'à une espèce de délire d'indépendance.

Elle demanda, sous cette impression, sa séparation de corps, que son mari n'eut garde de contester.

Devenue libre, cette femme devait inévitablement embrasser ce système d'émancipation des femmes que la révolution de Février avait fait surgir entre tant d'autres théories extravagantes, et, en effet, madame G... couvrit nos murailles de ses élucubrations imprimées ; la religion et ses ministres les plus honorables étaient surtout l'objet de ses invectives ; son cerveau en proie à la fois à des idées érotiques et à des hallucinations incessantes, une *idée fixe* parvint bientôt à maîtriser l'intelligence : elle ne vit plus son mari que gémissant dans les liens d'une congrégation, retenu par des serments terribles, et sans espoir de jamais s'y soustraire ; elle voyait, disait-elle, des actes monstrueux accomplis par les congréganistes dans des chambres obscures, inaccessibles, verrouillées.

C'est dans le paroxysme de cette impression qu'elle prenait la résolution de voler au secours de son mari, de le délivrer, de montrer qu'elle était toujours là pour le protéger et effrayer ses tyrans.

Arrêtée lorsque pour la deuxième fois elle brisait à coups de hache les portes de la maison de son mari, cette femme marcha à la prison et à l'audience comme à un triomphe.

Elle croyait avoir atteint son but louable et utile.

Prolixe et démonstrative, ses gestes, ses paroles, comme sa correspondance, donnent les preuves du désordre de cet esprit fantasque et malade.

5ᵉ FAIT. — 1850. — FOMBERT. — *Monomanie et stupidité*.

Fombert (Arsène) est un fou du même genre comme monomaniaque, mais bien différent sous le rapport du mouvement intellectuel.

Ce pauvre garçon est venu à Bicêtre, comme appelant d'un jugement rendu par le tribunal d'Yvetot pour délit de bris de clôture.

Il était là depuis quelques jours, lorsque je remarquai dans un coin de la cour, debout, appuyé contre le mur, les yeux baissés, restant immobile, isolé, parlant seul, un jeune homme à figure intéressante, et paraissant, quoique sale, en sabots, et mal vêtu, appartenir à une classe aisée. Je m'approchai de lui, je l'interrogeai, et d'abord il me répondit avec réticence et défiance. Mais, l'ayant bientôt jugé, je le plaçai à l'infirmerie, et là, en prenant l'habitude de me voir, j'arrivai à savoir toute l'histoire d'un malheureux abandonné de son père, abandonné à lui-même, et depuis longtemps abandonné de la raison.

Grande fut ma surprise, je l'avoue, lorsque j'appris que j'étais le premier à m'apercevoir que le pauvre Arsène Fombert avait plus besoin du secours de la médecine et de la protection de la pitié, qu'il n'avait mérité les sévérités de la justice ; et cependant il a subi devant elle neuf examens sérieux !

Toutefois, pour être plus certain dans mon jugement, j'écrivis en même temps au père de Fombert, à M. le curé de sa paroisse et à M. Besongnet, homme d'affaires de la famille.

Sur l'exposé que je leur fis de la misère du pauvre Arsène qu'ils avaient élevé, le vénérable curé de Bolleville et M. Besongnet répondirent avec empressement, et bientôt après ils vinrent à Rouen pour me voir, me remercier et apporter quelques secours au pauvre fou abandonné.

Quant au père Fombert, je n'en ai jamais entendu parler!

Fombert, fils unique d'un fermier très riche de la commune de Bolleville, près Yvetot, a été très bien élevé ; il s'est marié en 1842 avec une jeune personne de bonne famille, et s'est établi sur une ferme à lui appartenante et valant 3,000 fr. de loyer.

Là, en trois ou quatre années, il a fait 10,000 fr. de dettes en administrant et cultivant en fou véritable, et de manière à être la risée de tous ses voisins. Il s'adonna à boire et est devenu d'un caractère si déraisonnable et jaloux, qu'une instance en séparation de corps a bientôt désuni les époux, donné les deux enfants à la femme et obligé le père Fombert à reprendre son fils.

Déjà les faits reprochés à Arsène auraient pu mettre sur la voie du trouble de ses facultés ; mais depuis, cela est devenu évident. Retiré chez son père, où il était traité, comme toujours, en petit garçon, vivant isolé, sans soin de sa personne, sans idée de travail, stupide et maniaque en même temps, le pauvre jeune homme n'a plus eu qu'une seule pensée, sans égard, ou plutôt sans concevoir l'importance d'une séparation, c'était de reprendre sa femme qui était, de son côté, rentrée chez sa mère, à Valmont. Les preuves de la folie de cette pensée, devenue *idée fixe*, seront bientôt données dans un rapport signé de trois médecins.

Or, après avoir hésité longtemps, après avoir fait souvent, de nuit et en sabots, la route de Bolleville à Valmont, c'est à dire cinq kilomètres, le stupide surexcité devient un jour maniaque, et le 24 mars 1849, pour la première fois, il escalade, entre chez sa belle-mère, appelle sa femme... On l'arrête, on verbalise, on le conduit à Yvetot, et le tribunal le condamne à quinze jours d'emprisonnement.

En juillet 1849, mêmes faits, voyage nocturne, bris de clôture, nouvelle arrestation, nouvelle condamnation à quinze jours d'emprisonnement.

En août 1849, même tentative, même arrestation, mais seulement quinze jours de prévention ; il est relaxé.

Le 20 novembre de la même année, autre tentative d'escalade, arrestation, condamnation à trois mois d'emprisonnement.

Le 24 avril 1850, cinquième tentative et condamnation à un

an d'emprisonnement. Cette fois, Fombert a appelé de ce jugement, et la Cour a réduit la peine à six mois.

Si la justice ne se lasse pas de punir, Fombert ne se lasse pas de recommencer.

En effet, libéré le 7 novembre 1850, Fombert, qui n'a qu'une seule pensée, retourne rôder autour de la maison de sa belle-mère quatre nuits de suite ; il croit être certain que sa femme est là, il l'entend, et le lendemain il fait les cinq kilomètres ordinaires armé d'une hache, va briser les fenêtres de la chambre où il croit que sa femme est couchée. Il y entre, ne voit personne, devient furieux, casse quelques meubles, et appelle sa femme, sa belle-mère, criant qu'il ne leur veut aucun mal. Il nomme Mme Deshayes « ma *petite maman* Deshayes. » Enfin, trois personnes arrivent ; on l'arrête, non sans résistance, et, pour la *sixième fois*, il est pour le même fait condamné à *deux ans* d'emprisonnement.

Sur l'appel qu'il fit de ce jugement, Fombert vint une seconde fois en prison à Rouen, et je crus devoir prévenir M. le procureur-général de mes doutes sur l'état d'aliénation du condamné.

Bientôt après, je fus chargé, avec les docteurs de Smyttère et Mérielle, médecins des aliénés, d'adresser un rapport à la chambre des appels de la Cour sur l'état mental de Fombert.

Voici ce rapport :

« Nous soussignés, docteurs en médecine, médecins des prisons et de l'asile des aliénés, chargés par la Cour d'appel (chambre de police correctionnelle) de nous livrer à l'examen de l'état mental du nommé Fombert, nous sommes réunis pour nous acquitter de cette mission, et voici en quels termes il a été arrêté que nous en rendrions compte à la Cour :

» Le nommé Fombert est un jeune homme de trente-deux ans ; il est d'une bonne santé et d'une forte constitution ; son teint est animé, son œil brillant, mais l'expression de sa physionomie dénote peu d'intelligence; il est habituellement sombre, taciturne; il a l'air inquiet, et quand on l'interroge il répond avec peine et avec défiance, les yeux tournés vers la terre.

» Pour apprécier exactement le degré d'intelligence de cet homme, il convient de jeter rapidement un coup d'œil rétrospectif sur sa conduite antérieure et sa condamnation.

» Après avoir vécu jusqu'à l'âge de vingt-cinq ans chez son père qui était cultivateur, Fombert se marie; il est mis à la tête d'une ferme assez considérable; il administre mal, s'abandonne à la paresse et à l'ivrognerie. Il ajoute foi à des rapports qu'on lui fait sur la prétendue infidélité de sa femme, et, sans chercher à se convaincre de la vérité, sur un simple soupçon, il la maltraite. La famille intervient, une séparation est provoquée, bientôt prononcée, et Fombert est forcé de retourner vivre chez son père qui reprend sa ferme.

» Là, il ne se livre pas au travail, il reste dans l'oisiveté, et positivement il ne fait rien de toute la journée; il ne prend pas son parti de sa séparation avec sa femme, dont il n'a pas compris l'importance; il reste dans l'abandon, tout déguenillé; la pensée ne lui vient pas de se faire faire des habits...

» Son père, ni personne de sa famille, ne semblent s'intéresser à lui; il reste malpropre, ne sait pas se soigner corporellement. C'est un grand enfant de trente-deux ans, qui se laisse comprimer sans se plaindre, qui manque de l'énergie nécessaire pour sortir d'une position insupportable.

» Bientôt ses instincts se brouillent; il veut voir sa femme, il veut aller coucher avec elle; il veut retourner près d'elle, et vivre ensemble comme par le passé; il ne comprend pas que la loi qui a prononcé sa séparation lui interdit la maison de sa femme pour toujours; il part la nuit de chez son père (fait cinq lieues de Bolleville à Valmont), rôde autour de la demeure et s'y introduit, non dans un but de vengeance ou dans l'intention de lui nuire, mais poussé par l'amour des sens, et parce qu'il est persuadé qu'elle désire aussi ardemment que lui un rapprochement.

» Fombert ne se laisse pas décourager par les insuccès ; six fois il s'introduit chez sa femme, six fois il en est expulsé, et s'il était libre demain, il ferait certainement une septième tentative. Il est mis en prison.

» Devant les magistrats, comme devant nous, il pleure comme un enfant, il ne sait pas se défendre ; dans la prison, il est triste, taciturne ; il est vêtu comme les autres prisonniers, il n'a pas honte de son costume, il ne s'en aperçoit pas ; s'il ne communique plus avec les autres détenus, ce n'est pas par le dégoût que lui inspire son entourage, mais bien par apathie. Il ne sait rien faire, il est stupide ; si on l'interroge, il répond avec peine et d'un air défiant.

» Il raconte cependant son histoire avec assez de lucidité, si on le presse de questions et si on la lui fait suivre ; mais, certes, il ne comprend pas sa position. Ainsi, il ne peut concevoir que la loi, qui l'a uni à sa femme, ait pu être invoquée pour l'en séparer.

» Que feriez-vous, lui demandent les médecins, si la Cour, dans son indulgence, vous faisait remise de la peine prononcée contre vous et vous rendait la liberté ? — Je retournerais voir ma femme. — Mais la loi vous a séparés, vous ne devez plus la revoir. — Ma femme m'aime, j'en suis sûr ; elle veut bien me revoir, j'en suis certain.

» Telle est sa réponse, c'est une idée fixe ; on l'engage à écrire à son père et à sa femme ; mais il ne trace que quelques lignes : *Les idées ne viennent pas*, dit-il.

» Une lettre écrite par Fombert, et mise au dossier, dit :

« Rouen, le 10 juillet 1850.

» Comme j'ai toujours cru que je te faisais honte en mon établissement, je n'ai jamais osé me rapprocher de toi, ayant fait, pendant un long espace de temps, des démarches en pleurant, toujours couvert de honte et de confusion, en te demandant mille fois pardon pour implorer la bonté de celle qui m'a procuré tant de bienfaits, sans jamais oser lui en demander de nouveaux. Je te prie que ces marques d'amitié me soient un sûr garant que tu voudras bien me faire recouvrer la liberté, et le bonheur que j'ai perdu.

» Je serai toujours reconnaissant de me retirer de cette obscure prison qui m'est odieuse.

» Je te salue.

» Mille choses honnêtes de ma part à madame Deshayes. »

Les médecins, après un examen minutieux, après avoir longuement interrogé Fombert ensemble et séparément, après avoir pris tous les renseignements sur sa conduite dans la prison, après avoir lu les pièces du procès, déclarent à l'unanimité que Fombert est atteint de faiblesse intellectuelle congénitale, que cette faible intelligence, mal dirigée, et soumise à des influences fâcheuses, à des chagrins domestiques, à des excès alcooliques, a commis des écarts, et que ce malheureux est incapable de se conduire seul avec discernement.

Il a pourtant conservé encore quelques notions du juste et de l'honnête. « Pourquoi êtes-vous resté ainsi déguenillé? lui demande-t-on. Pourquoi n'avez-vous pas fait faire des habits? — Je n'avais pas d'argent, et *mon papa* ne voulait pas m'en donner. »

Un homme de trente-deux ans, un peu intelligent, ancien maître de ferme, marié, père de deux enfants, appartenant à une famille riche, aurait certainement pris peu de soin du refus de son père, et aurait trouvé crédit.

« Vous avez frappé votre femme parce que l'on vous a dit qu'elle avait été légère, infidèle même; mais vous-même, depuis votre séparation, tourmenté de désirs, lui êtes-vous resté fidèle? — Oh! je n'aurais pas voulu manquer à ma femme. »

Nous devons croire, après toutes ces données, que nous

sommes en face d'une pauvre intelligence d'une véritable insuffisance; cet homme n'aurait jamais dû rester sans *tutelle*; bien dirigé, il pouvait vivre dans la société sans y causer de désordres ; livré à lui-même, l'intelligence a été trop faible pour dominer les *instincts*.

Conclusion.

Les médecins soussignés, chargés par la Cour de faire un rapport sur l'état mental de Fombert, détenu dans la maison d'arrêt de Rouen, déclarent qu'il est atteint de faiblesse intellectuelle congénitale (stupidité), qu'il est incapable de se conduire avec discernement.

Sur ce rapport, la Cour suspendit son arrêt, et fit commencer une instance en interdiction ; mais le conseil de famille, qui fut tenu sans la participation de la femme de Fombert, ne voulut pas demander l'interdiction d'un parent, la prison fut *préférée* pour lui.

Ce refus, à ce qu'il paraît, devint pour la cour plus grave que le rapport des trois médecins experts, et elle a confirmé la condamnation des premiers juges, à deux ans d'emprisonnement.

Ayant continuellement sous les yeux le pauvre Fombert, et convaincu chaque jour de son état de folie, l'humanité me fit un devoir, non moins que la loi, d'adresser à M. le préfet un rapport personnel, en ma qualité de médecin en chef des prisons, pour demander la translation de Fombert dans l'asile des aliénés.

J'y constatais la conduite de Fombert en prison, son attitude devant les juges, sa tenue sur lui-même, sa manière d'être envers ses parents, et enfin la direction de ses idées. J'ajoutais qu'il était si peu propre à diriger ses affaires qu'il avait souscrit à mon profit à moi, à qui il ne doit rien, une obligation de quatre mille francs.

J'exposais enfin qu'il résultait pour moi de l'ensemble des

faits observés, que Fombert ne jouissait pas de sa liberté morale, qu'il était monomane, monomane inerte ordinairement, mais susceptible de délire et de fureur, pouvant dans certains cas présenter du danger.

Vu la gravité de la demande, et en raison des nombreuses condamnations encourues par Fombert, M. le préfet crut devoir communiquer ma demande à M. le procureur général Daviel, et, dans leur équité, ces deux magistrats donnèrent bientôt satisfaction au médecin, heureux d'avoir gagné la cause de l'humanité. Aujourd'hui Fombert est à l'asile des aliénés, et il est bon de dire qu'il s'est *échappé* déjà *trois* fois, pour aller chercher sa femme.

Notre rapport l'avait prévu.

6ᵉ FAIT. — 1851. — AUNAY. — *Folie mélancolique; possession par sort.*

Aunay, Jacques-Victor, journalier, condamné à Évreux, en première instance, pour délit de vagabondage, et confirmé à la Cour d'appel de Rouen, sauf suppression de la surveillance, en 1851, fut amené à la maison de Bicêtre; les gardiens signalèrent que les actes et les paroles d'Aunay accusaient au moins un grand désordre d'esprit.

Observé avec attention, et interrogé souvent, ce prisonnier nous a donné l'occasion de constater en lui un cas de délire monomaniaque.

Voici le rapport que nous avons dû adresser à M. le préfet :

« Nous, soussigné, médecin en chef des prisons de cette ville, certifions ce qui suit à Monsieur le préfet du département de la Seine-Inférieure :

» Un nommé Aunay, Victor, faisant l'état de journalier ou de domestique, appartenant au département de l'Orne, arrondissement de Domfront, commune de Durcet, se trouve détenu dans la maison de détention de Rouen, comme appelant d'un jugement prononcé à Évreux pour délit de vagabondage ; la Cour a confirmé le jugement, mais supprimé la *surveillance*.

» Depuis son séjour à Bicêtre, il a été remarqué par tous les gardiens que Aunay, par ses actes, comme par ses paroles, doit avoir l'esprit malade ; en effet, nous l'avons observé avec attention, nous l'avons interrogé souvent, et enfin nous avons trouvé le délire maniaque qui domine ce malheureux.

» Nous avons pu aussi, à force de questions et de patience, connaître les antécédents d'Aunay. Aujourd'hui Aunay se croit la victime d'un *sort*, d'un *escamotage* ; un homme s'empare de lui, tiraille ses poumons, son cœur, ses chairs, tantôt d'un côté, tantôt de l'autre ; il s'empare aussi de ses aliments. C'est ainsi qu'il explique l'appétit extraordinaire qu'il a depuis quelque temps ; en effet Aunay mange deux kilogrammes de pain par jour, et il mangerait plus encore.

» Aunay ayant été interrogé à Caen par quelques officiers de police, il a cru que c'était le préfet, et il a attribué tout son mal à ce magistrat ; déjà, d'après son récit, Aunay aurait été possédé par un autre sort, qui a cédé aux efforts d'un habile sorcier qui a fait passer le mal dans une *poule* qu'il a tuée.

» Le désir de se débarrasser de cette obsession rend Aunay vagabond ; il veut aller là où on pourra le décharger ; c'est pour cela qu'il a voulu d'autres juges, et qu'aujourd'hui il en veut encore d'autres, et insiste chaque jour pour que je l'envoie devant les juges de Paris. Il est positif que cet homme ne se rend pas compte des motifs de son jugement, de même que sa raison ne vient pas à son aide pour lui expliquer ses douleurs, s'il en a. La difficulté que Aunay rencontre dans son départ pour Paris, le rend assez difficile à maintenir dans le calme et dans le devoir ; il s'emporte, accuse les infirmiers de le voler, de lui soustraire ses aliments ; il semble en défiance contre tout le monde et contre moi particulièrement, parce que je ne veux pas le décharger, et qu'avec des livres je le pourrais. Aunay me paraît être de ces monomaniaques qui peuvent devenir dangereux, parce que dans leurs convictions ils ont des ennemis, et que la vengeance peut leur suggérer des idées de crime.

» Je crois donc devoir, Monsieur le préfet, me conformer à la loi sur les aliénés en prison, et vous faire connaître la position mentale d'Aunay, sur laquelle je fonde mes craintes pour la sûreté publique.

» Cet homme doit partir bientôt de Bicêtre ; il y a donc lieu de le mettre d'avance en *surveillance*, et de le faire conduire dans son département au lieu de le laisser aller à Paris, à Caen surtout, où il croit avoir un ennemi, à moins que vous ne jugiez convenable, Monsieur le préfet, d'envoyer de suite Aunay à Saint-Yon.

» Si j'en juge par les détails que Aunay m'a donnés sur ses antécédents, il y aurait déjà longtemps que son intelligence est malade ; ainsi, un de ses maîtres l'aurait trompé dans le compte de ses journées, et lui, Aunay, se serait payé en emportant une pelle de bois ; il aurait été pour ce fait condamné à quinze jours d'emprisonnement au tribunal de Domfront ; une autre fois, c'est un aubergiste qui veut lui faire payer une dépense qu'il n'a pas faite ; il se rebelle contre la force publique, et il est condamné à quatre mois d'emprisonnement.

» Divaguant toujours, ne se trouvant jamais bien où il est, Aunay est arrêté sans papiers comme vagabond, et condamné à Évreux à trois mois d'emprisonnement et cinq ans de surveillance. Il est bon de remarquer que très certainement ce n'est pas dans l'intention de se dispenser d'une peine et de la discuter devant la justice, que Aunay a formé un appel ; il ne comprend absolument rien à sa position de prisonnier ; son mal domine toutes ses pensées. Ce qu'il veut, c'est de changer de lieu, de position, pour obtenir, à l'aide de nouveaux juges, protection contre son persécuteur. »

D'après ce rapport, M. le préfet de la Seine-Inférieure décida que Aunay serait conduit sous escorte dans le département du

Calvados, où il était domicilié, et qu'il serait mis à la disposition des autorités locales comme *fou dangereux*.

7ᵉ FAIT. — 1852. — LEPILEUX. — *Manie calme et accès de délire furieux.*

Lepileux, âgé de 38 ans, aliéné vagabond dangereux, arrêté et relaxé sans qu'on ait reconnu sa folie.

Cet homme venait d'Abbeville, marchant en vagabond, sans papiers et sans but.

Il fut arrêté à Rouen, le 8 avril 1852.

Interrogé par M. le juge d'instruction, devant lequel il s'est assez bien expliqué pour ne pas laisser apercevoir son état de folie, le 13 il est mis en liberté.

Mais déjà, pendant son court séjour à la prison, Lepileux s'était fait remarquer par quelques excentricités, et, le jour même de sa libération, il avait été pris d'un accès de délire avec fureur, ce qui a dû obliger à lui mettre la camisole de force.

Quoique non requis, nous avons dû, par un rapport, exposer les faits, et, dans l'intérêt de la sûreté publique, engager M. le maire à prendre une mesure de précaution, c'est-à-dire d'envoyer le fou à l'asile de Saint-Yon, en attendant qu'il soit pris des renseignements auprès des parents ou de l'autorité du lieu de naissance de ce fou vagabond.

M. le maire de Rouen, sur ce rapport, a décidé que Lepileux serait provisoirement transféré à Saint-Yon.

8ᵉ FAIT. — 1852. — LEBAUDY. — *Manie avec agitation et dispositions paralytiques.*

Lebaudy, âgé de 33 ans, ouvrier menuisier, est un fou maniaque.

Entré à Bicêtre le 11 juin 1852, comme prévenu de vol d'un cheval, l'interrogatoire qu'il a subi devant M. le juge d'instruction a suffi pour faire reconnaître à ce magistrat qu'il avait affaire à un fou.

Dès le jour de son entrée dans la prison, Lebaudy avait attiré, par l'excentricité de ses gestes et de son langage, l'attention des surveillants.

On avait dû le faire passer dans le quartier des aliénés et infirmes.

Tous les caractères de la folie générale, ou manie avec délire dominant, apparurent bientôt dans la plus entière évidence.

Ce délire était surtout déterminé par des idées de richesse ; l'aliéné croyait qu'il lui était dû par beaucoup de personnes des sommes considérables ; il demandait impérieusement à sortir pour s'établir et se marier.

Quelques jours plus tard, Lebaudy devenait agité, furieux ; on fut obligé de le mettre en cellule.

M. le juge d'instruction requit de nous un rapport qui dut confirmer l'opinion qu'il avait déjà prise par lui-même de l'état mental de Lebaudy.

J'avais demandé que cet homme fût envoyé à l'asile des aliénés, mais il fut mis purement et simplement en liberté le 27 juin.

Le 1er juillet, les gendarmes de Grand-Couronne l'arrêtèrent de nouveau à quatre lieues de Rouen.

Ce ne fut que sur un second rapport qu'on se décida à l'envoyer à Saint-Yon.

Les faits du genre de ces deux derniers prouvent suffisamment que quelquefois la société n'est pas garantie contre les fous, et que ceux-ci ne reçoivent pas toujours la protection due à l'humanité malheureuse. C'est pour obtenir de la bienveillance des autorités compétentes les mesures protectrices qui manquent, que nous les avons produits.

Nous ne produirons pas d'autres faits correctionnels, quoique le nombre annoncé de 76 ait été signalé comme donnant pour nous cause à réclamation ; mais la plupart de ces faits ont été les mêmes : ils ont constaté la stupidité, l'idiotisme ou la démence, et leur récit par individu serait aussi fatigant qu'inutile ; nous nous hâtons donc d'arriver à notre conclusion.

Résumé.

Ce ne serait pas assez d'avoir réuni ces faits et ces chiffres, si on ne devait encore leur demander ce que seuls ils peuvent donner, la solution de la question posée entre les affirmations de la science et les doutes de la magistrature.

16 cas de folie sur 8,500 accusés de crimes en 37 ans, de 1815 à 1852.

248 fous sur 34,500 prévenus de délits, pendant 17 années, de 1835 à 1852.

En somme, 264 aliénés sur 43,000 inculpés (1 de plus, simulant la folie).

L'existence de la démence dans la proportion de 6 à 1,000, sur le nombre total des préventions, voilà donc ce qui résulte des déclarations des médecins, voilà la moyenne fournie par ce que la société a de plus compromis, et les individus que leurs habitudes de désordres et de débauches acheminent le plus fatalement à l'aliénation mentale.

Constatons d'abord cette proportion infime dans laquelle la démence apparaît, par rapport à la masse énorme des prévenus.

Il y a là un témoignage inflexible de la réserve sévère que s'impose la médecine toutes les fois qu'elle est obligée d'intervenir entre la faute et le châtiment.

Que ce soit son devoir strict de se renfermer dans une consciencieuse rigueur d'appréciations, la médecine le reconnaît; mais il faut qu'on sache qu'elle remplit ce devoir avec austérité et qu'on ne le lui conteste pas. Il ne faut pas oublier qu'elle exerce, elle aussi, son ministère au nom de la loi et de l'humanité.

Cependant les faits et les chiffres ne doivent pas établir seulement la sincérité de la science, on est en droit de leur demander encore si elle s'est montrée aussi éclairée que loyale.

Qu'a perdu la justice à invoquer l'aide des médecins ? Qu'a-t-elle gagné à se passer de leur concours ? Là est la question.

265 cas de folie ont passé sous les yeux des médecins des prisons de Rouen. Un a été déclaré par eux simulé ; deux, quoique la folie fût évidente, leur ont paru ne pas présenter dans l'acte incriminé l'absence de liberté morale et de discernement qui eût pu motiver un acquittement.

C'est sur leur avis que les trois condamnations de Lepicard, de Baumetz et de la femme Montcourrier ont été prononcées.

Il reste donc acquis que la science médico-mentale vient aussi en aide à la justice pour assurer la punition des coupables.

Sur les 262 autres cas de démence signalés par les médecins, 176 ont été admis par les juges et ont provoqué des ordonnances de non-lieu et des acquittements suivis de renvois à l'asile des aliénés, ou de simples mises en liberté.

Qui pourrait contester ici l'utilité et l'importance du concours de la science spéciale, quand les juges eux-mêmes ont cru devoir confirmer ces appréciations ? qui pourrait dire que ce concours d'efforts réunis n'a pas été utile à la justice ?

Constatons donc que la justice n'a rien perdu et s'est, au contraire, rendue plus sûre d'elle-même en faisant appel aux lumières des hommes spéciaux. Quatre prévenus, considérés comme fous par les médecins, sont morts dans la prison avant que les magistrats aient pu s'éclairer sur l'accusation dont ils étaient l'objet.

Quatre-vingt-deux condamnations ont été prononcées sans que les médecins aient été consultés, ou même malgré leur opinion exprimée.

Six de ces condamnations portent sur des affaires criminelles, et aucune de celles-là n'a été précédée de consultations de la part des hommes de l'art.

Les faits relatifs à ces six affaires, consignés dans les notices que l'on vient de lire, établissent si, en présence des présomptions de folie qu'ils faisaient naître, il a été sage de ne pas faire appel aux lumières de la science. Le temps s'est chargé de répondre à cet égard pour cinq de ces tristes condamnés.

L'un, Pautard, fou au bagne, où il a subi sa peine, est resté stupide et bizarre, ainsi que chacun peut s'en assurer tous les jours à Rouen, où il se promène tout déguenillé, et toujours en parlant seul de ses affaires, de ses procès et de l'argent qu'on lui doit.

L'autre, Béjard, condamné à perpétuité, est fou à Brest, si l'on veut bien en croire le médecin en chef du bagne et l'aumônier.

Le troisième, Prestrel, s'est laissé dominer par son compagnon de cachot au point de conserver dans la bouche et dans le gosier une composition de sublimé dont il est mort sans oser ni l'avaler ni la rejeter.

Le quatrième, Damourette, a, malgré sa condamnation, dû être envoyé à l'asile des aliénés où il est mort.

Le cinquième, Toqueville, a été recueilli à sa libération par son honorable famille, où on le voit tombé dans le dernier degré de la folie : l'idiotisme.

Il serait douloureux de se demander maintenant si la justice eût gagné à appeler la science à son aide.

Le temps n'a rien à apprendre sur le sixième, Lepetit. Ce condamné a été exécuté.

Soixante-seize condamnations ont eu lieu, pour cas correctionnels, sans avis de médecins ou malgré cet avis.

Un condamné est mort peu après l'arrêt qui l'avait frappé.

Dix-neuf ont subi leur peine à la prison de Bicêtre, mais la plupart au quartier des aliénés.

Sur ces dix-neuf condamnations, dix étaient d'un mois à trois mois; trois s'élevaient à six mois; deux atteignaient huit mois et frappaient un jeune homme de dix-sept ans et un vieillard de quatre-vingt-quatre ans; trois entraînaient un an, et une seule deux ans.

Presque tous ces condamnés sont des récidivistes, idiots, incapables de pourvoir à leurs premiers besoins, pour qui la prison est un refuge, et qui n'en sortent que pour y rentrer.

Que les magistrats soient amenés par la charité même à prononcer de telles condamnations, on ne le conteste pas; mais c'est dans un asile, et non dans une prison, que les médecins voudraient voir placer de tels individus.

Quant aux cinquante-six autres condamnations prononcées aussi malgré l'avis des médecins, la magistrature a évidemment douté de la science, et ce doute a dicté ses jugements.

Si c'est une expérience qu'elle a voulu faire, il ne faut s'en plaindre qu'avec modération, car l'expérience a été décisive.

Les cinquante-six condamnés, sans en excepter un seul, ont dû être extraits de la prison quelques jours après leur condamnation pour être transférés à l'asile des aliénés, où leur folie a été constatée de nouveau.

En face de pareils faits et de pareils chiffres, l'indispensabilité du concours de la science à la formation des appréciations de la justice ne saurait plus faire l'objet d'une question.

L'humanité et la raison commandent impérieusement, la loi de 1838 exige absolument l'intervention des spécialistes, dans tous les cas où la folie peut être *soupçonnée*.

C'est à la jurisprudence qu'il appartient de concilier ce double intérêt de la justice et de l'humanité. A défaut d'un livre qui contienne l'application des règles du droit aux désordres de la volonté, la magistrature peut, en se basant sur les faits acquis, fonder une jurisprudence qui garantisse ces droits sacrés.

Une telle solution importe à sa propre conscience, aussi bien qu'à la sécurité et à l'honneur des familles et des individus.

Il n'y a que la science spéciale qui puisse se reconnaître au milieu de ces formes si diverses que revêt la folie. Elle peut seule dénoncer avec certitude à la justice ces aliénés quasi idiots, quasi fous, épileptiques, paralytiques, retombant incessamment dans les mêmes délits inévitables, nécessaires, c'est-à-dire la mendicité ou le vagabondage, faute de pouvoir aviser par eux-mêmes à leurs plus impérieux besoins; ces fous avérés, poursuivis, acquittés pour leur folie même, remis en liberté sans aucune assistance, alors qu'ils peuvent encore être dangereux pour la société ou pour eux-mêmes.

La science seule peut guider dans les cas de folie instantanée.

Elle seule peut reconnaître la folie simulée, en avertir la justice et apprécier la somme de liberté morale qui a présidé à l'acte incriminé.

Comment le concours d'une science si évidemment indispensable aux intérêts de la justice n'a-t-il pas été déjà fixé par la jurisprudence?

C'est ce qu'il vaut mieux laisser apprécier par un magistrat :
« Chose étrange, dit l'honorable et savant conseiller à la cour
» d'Amiens, s'agit-il de vérifier la sincérité d'une écriture, il
» est rare que les tribunaux se fient à leurs propres lumières... ;
» mais s'agit-il de la plus obscure et de la plus impénétrable
» des maladies, s'agit-il de juger, tâche si délicate, même pour
» le médecin spécialiste, les symptômes d'une raison égarée,
» les magistrats sont au contraire portés à écouter leur opi-
» nion personnelle, à interroger eux-mêmes l'individu soup-
» çonné d'aliénation, sans s'appuyer sur aucune donnée
» scientifique, à examiner les faits offerts en preuve, et à tirer

» de leur examen des conclusions que la science n'a pas pré-
» parées. » (Page 125.)

Lorsque des considérations si précises, des réflexions si saisissantes sont exprimées par les magistrats eux-mêmes, le jour est venu où l'alliance de la science médico-mentale et de la jurisprudence doit inévitablement se traduire dans les faits, au profit de la justice et de l'humanité.

ERRATA.

Page 14, 1re ligne, ... et sans famille?
— 16, lisez : Docteur Bouteiller fils.
— 17, 31e ligne, ... dispose?
— 19, 31e ligne, ... là.
— 20, 10e ligne, lisez : anciens errements.
— 23, les six dernières lignes devraient être mises en note.
— 24, 15e ligne, au lieu de : fille, lisez : femme.
— 25, 25e ligne, citation incomplète des paroles du docteur Michea, ... extraites de l'*Observation*.
— 26, septembre 1851, cette citation est rétablie ainsi :

« Comment n'y aurait-il pas, en effet, dans les prisons plus d'aliénés
» que dans la population libre, puisque la vie de désordre est souvent le
» premier degré de la folie, puisque l'aliénation en est le plus souvent,
» peut-être, la conséquence, et puisque chaque année la justice con-
» damne à l'emprisonnement, comme criminels ou délinquants, beau-
» coup d'individus qui ne sont que des insensés ? »

TRAVAUX

PUBLIÉS

PAR LE DOCTEUR VINGTRINIER

DEPUIS 1818.

Sur les sciences médicales.

DISSERTATION SUR L'OPÉRATION DE LA PUPILLE ARTIFICIELLE.

ÉLOGES ACADÉMIQUES, et Résumé des travaux des docteurs :
- Lamauve, décédé en 1821, médecin en chef de l'hospice général de Rouen ;
- Jourel, ancien chirurgien de l'hospice Saint-Yon et des prisons de Rouen, décédé en 1828 ;
- Vigné, ancien médecin de l'hospice général, décédé en 1844.
- Stanislas Navet, fondateur de la Société humaine à Dieppe, 1845 ;
- Antoine-Étienne-Pascal Blanche, médecin en chef de l'hospice général de Rouen ; publié dans la *Revue de Rouen*, de novembre 1850.

OBSERVATIONS DE QUELQUES CAS RARES : deux trumbus vulvaires ; une tumeur squirreuse développée dans la fosse occipitale et excrue de la dure-mère, suivie de *cécité* ; fait d'un *suicide* par deux coups de feu mortels, l'un au cœur, l'autre à la tête, ayant pu faire croire à un assassinat ; cas d'hydropisie considérable du septum lucidum (125 gram. d'eau), chez un hydrocéphale, 1822.

SUR L'ACTION DES SAIGNÉES LOCALES ET GÉNÉRALES, mémoire qui a obtenu l'accessit au concours de l'Académie des sciences de Dijon, en 1827.

Sur l'emploi de l'émétique a haute dose, observations qui l'approuvent, 1827.

Sur la théorie de la vision et l'action des verres convexes et concaves sur la rétine.

Des monomanies, et en particulier de la monomanie homicide.

Observation d'opération de pupille artificielle sur un prisonnier qui, après avoir été condamné à mort, en 1830, a été mis en *liberté* dans la même année.

1838. — Sur la police des cimetières, la vérification des décès et les moyens d'éviter l'inhumation des personnes vivantes.

De la vaccine considérée comme une véritable *variole*, et non comme antidote propre à détruire le germe d'une autre maladie. Mémoire qui a été jugé digne d'une médaille en vermeil, dans la distribution des prix de vaccine faite par le comité central du département, en 1842.

Mémoire sur la question débattue entre M. Moreau de Jonnès, membre de l'Institut, et M. le docteur Parchappe, sur l'influence relative des causes physiques et des causes morales de la folie, et réflexions sur le vice des classifications des maladies mentales; 1844.

Observation d'un tétanos guéri par l'emploi de la morphine administrée par la peau, à la surface de très grands vésicatoires établis sur les gouttières vertébrales, suivie de réflexions sur la responsabilité médicale; 1845.

De l'emploi médical de l'huile de foie de raie et de morue, et analyse de ces huiles par MM. Girardin et Preisser; 1843.

Rapports sur le service de santé des prisons de Rouen, au Conseil de salubrité et en justice, etc., etc., etc.

Cas rare de convulsions extraordinaires chez une jeune fille de treize ans; guérison obtenue par le magnétisme appliqué par M. le docteur Saint-Evron; 1850.

Des causes d'insalubrité des cimetières; 1853.

Intoxication par venin animal, et cause de la mort du docteur Quesnel, de Rouen.

De la statistique du goître endémique dans le département de la Seine-Inférieure, et de l'étiologie de cette maladie; 1853.

Sur des questions philanthropiques.

Notice sur les prisons de Rouen, 1826, in-8, 72 pages.

Mémoire sur les réformes à apporter aux lois pénales ; discours de réception à l'Académie de Rouen, 1828.

Des Aliénés dans les prisons, 1836.

Des Pénitenciers des enfants et des Sociétés de patronage en France, 1839.

Des Prisons et des Prisonniers, 1 vol. in-8, 1840 ; ouvrage qui a mérité à l'auteur une médaille d'or, de la part de la Société de la morale chrétienne.

Mémoire sur l'extinction de la mendicité, inséré dans le Journal de la Société de la morale chrétienne, n° de juin 1842.

De l'École-manufacture de dentelles de Dieppe (dirigée par les sœurs de la Providence), considérée comme établissement industriel et de bienfaisance, et proposition faite à la Société d'émulation de décerner une médaille d'or à cet utile établissement, 1842.

De la statistique criminelle du département et des infanticides en particulier, 1826.

Mémoire sur la 62° question posée par l'Association normande dans sa session de 1842, à Rouen : « De la meilleure règle à introduire dans un pénitencier d'enfants. » L'auteur a reçu de l'Association une médaille d'honneur pour publication d'écrits utiles.

Tableau des Sociétés de secours mutuels à Rouen, et proposition faite à la Société d'émulation de décerner des médailles d'honneur à trois d'entre elles, séance publique du 6 juin 1843.

Coup d'œil philosophique sur la direction des travaux de la Société d'émulation à diverses époques, depuis son origine ; discours prononcé comme président dans la séance du 6 juin 1843.

De la statistique spéciale des maisons de répression et de ses conséquences; 1845.

Examen et conséquences des comptes de la justice criminelle, publiés par le ministre de la justice, depuis 1825.

Mémoire envoyé au concours ouvert par l'Académie de Nîmes, sur cette question : « De l'influence que l'application des circonstances atténuantes, au grand criminel, a exercée sur la bonne administration de la justice.

Sur la question posée par le congrès pénitentiaire, dans la session de Bruxelles, le 20 septembre 1847 : « Du régime correctionnel à imposer aux jeunes détenus. » (Voir le *Moniteur Belge* du 21 septembre.)

De la déportation et des colonies pénales; 1848.

De la situation des Sociétés de secours mutuels de Rouen, en 1843 et 1848 : proposition de fusion entre les quatorze sociétés existantes; règlement nouveau; fondation d'une nouvelle société sous le nom de *l'Alliance*, 1ᵉʳ janvier 1850.

Réflexions sur les Sociétés de secours mutuels, et compte rendu de la situation de la société *l'Alliance* au 31 décembre 1851.

Librairie médicale de Germer Baillière.

ANDRAL. Cours de pathologie interne, professé à la Faculté de médecine de Paris, recueilli et publié par M. le docteur Amédée Latour. 2e édition entièrement refondue. 1848, 3 vol. in-8. 18 fr.

ANDRY. Manuel pratique de percussion et d'auscultation. 1845, 1 vol. grand in-18 de 536 pages. 3 fr. 50

AUBER (Ed.). Hygiène des femmes nerveuses, ou Conseils aux femmes pour les époques critiques de leur vie. 1844, 2e édition, 1 vol. gr. in-18 de 541 pages. 3 fr. 50

BAYARD (H.). Manuel pratique de médecine légale. 1844, 1 vol. gr. in-18 de 538 pages. 3 fr. 50

BÉRARD (A.). Mémoire sur le traitement des varices par le caustique de Vienne. In-8. 1 fr. 25

— Diagnostic différentiel des tumeurs du sein. 1842, in-8 br. (Thèse de concours). 3 fr. 50

BOUCHARDAT. Formulaire vétérinaire, contenant le mode d'action, l'emploi et les doses des médicaments simples et composés, prescrits aux animaux domestiques par les médecins vétérinaires français et étrangers. 1849, 1 vol. in-18. 3 fr. 50

BRIERRE DE BOISMONT. Des hallucinations ou Histoire raisonnée des apparitions, des visions, des songes, de l'extase, du magnétisme et du somnambulisme. 1845, 1 vol. in-8 de **624 pages.** 6 fr.

— De la menstruation, considérée dans ses rapports physiologiques et pathologiques (ouvrage couronné par l'Académie royale de médecine). 1842, 1 vol. in-8. 6 fr.

— Histoire du suicide, considérée dans ses rapports avec la statistique, la médecine et la philosophie. 1851, 1 vol. in-8 (sous presse).

CHAMPIGNON. Physiologie, médecine et métaphysique du magnétisme. 1848, 1 vol. in-8 de 480 pages. 6 fr.

CHAUSSIER. Médecine légale, recueil de mémoires, consultations et rapports contenant : 1o la manière de procéder à l'ouverture des corps et spécialement dans les cas de visites judiciaires; 2o plusieurs rapports judiciaires, suivis d'observations et remarques sur les omissions, les erreurs, les négligences, les obscurités, les vices de rédaction ou de raisonnement qui s'y rencontrent; 3o des rapports sur plusieurs cas d'empoisonnement; 4o des considérations médico-légales sur l'ecchymose, la sugillation, la contusion, la meurtrissure, les blessures, etc. 1838, 1 vol. in-8, 6 planches. 6 fr.

CHEVALLIER. Supplément au traité des réactifs de MM. Payen et Chevallier, avec des recherches, 1o sur l'appareil de Marsh; 2o sur l'antimoine; 3o sur le plomb; 4o sur le cuivre; 5o sur le sang; 6o sur le sperme. 1841, 1 vol. in-8, avec 29 fig. 2 fr. 50

COMBE (George). Traité complet de phrénologie, traduit de l'anglais par le docteur Lebeau. 2 forts vol. in-8, avec gravures sur bois et lithographies. 1844. 17 fr.

PARIS. — IMPRIMERIE DE L. MARTINET,
Rue Mignon, 2
(quartier de l'École-de-Médecine).

PARIS. — Imprimerie de L. MARTINET, rue Mignon, 2.

www.ingramcontent.com/pod-product-compliance
Lightning Source LLC
LaVergne TN
LVHW050649090426
835512LV00007B/1119